대한민국 법령 시리즈 505

지능정보화 기본법

법령
시행령
시행규칙

해광출판사

머리말

이 책은 방대한 법전을 보지 않고 간편하게 해당되는 법령만 참고해서 볼 수 있도록 하였습니다. 공공기관이나 관련 종사자들이 쉽고 간편하게 대한 법령을 참조 할 수 있도록 하였습니다.

특히 해당법률은 물론 관련 시행령, 시행규칙을 함께 실어 관련법을 서로 참고할 수 있게 하였습니다.

법률이라는 것이 크든 작든 항상 변하는 관계로, 출간 이후의 정확하고 최신의 법률은 법제처 국가법령정보센터에서 확인이 가능하니 법률의 실제 적용 시 확인이 필요한 점 유의하기를 바랍니다.

편집부

* 수록 법률은 법제처 국가법령정보센터에서 확인 가능합니다.
* 발행일 기준 시행 법률이므로 최신 법령은 위 센터에서 볼 수 있습니다.
* 본 책자에 수록된 법률의 문구에 대하여 법적인 효력은 없으며,
  실제 적용 법률은 위 센터에서 최신의 법률로 확인하시기 바랍니다.
* 해당 법령과 함께 시행령, 시행규칙도 수록되어 있습니다.
* 발행일 기준으로 개정 예정 법률은 밑줄로 별도 표시되어 있으며,
  보다 정확한 것은 법제처에서 확인하기 바랍니다.

목차

**개정 예정 법률 밑줄 별도 표시.

지능정보화 기본법

[시행 2022. 7. 21.] [법률 제18298호, 2021. 7. 20., 타법개정]

제1장 총칙

제1조(목적) 이 법은 지능정보화 관련 정책의 수립·추진에 필요한 사항을 규정함으로써 지능정보사회의 구현에 이바지하고 국가경쟁력을 확보하며 국민의 삶의 질을 높이는 것을 목적으로 한다.

제2조(정의) 이 법에서 사용하는 용어의 뜻은 다음과 같다.

1. "정보"란 광(光) 또는 전자적 방식으로 처리되는 부호, 문자, 음성, 음향 및 영상 등으로 표현된 모든 종류의 자료 또는 지식을 말한다.

2. "정보화"란 정보를 생산·유통 또는 활용하여 사회 각 분야의 활동을 가능하게 하거나 그러한 활동의 효율화를 도모하는 것을 말한다.

3. "정보통신"이란 정보의 수집·가공·저장·검색·송신·수신 및 그 활용, 이에 관련되는 기기·기술·서비스 및 그 밖에 정보화를 촉진하기 위한 일련의 활동과 수단을 말한다.

4. "지능정보기술" 이란 다음 각 목의 어느 하나에 해당하는 기술 또는 그 결합 및 활용 기술을 말한다.

가. 전자적 방법으로 학습·추론·판단 등을 구현하는 기술

나. 데이터(부호, 문자, 음성, 음향 및 영상 등으로 표현된 모든 종류의 자료 또는 지식을 말한다)를 전자적 방법으로 수집 · 분석 · 가공 등 처리하는 기술

다. 물건 상호간 또는 사람과 물건 사이에 데이터를 처리하거나 물건을 이용 · 제어 또는 관리할 수 있도록 하는 기술

라. 「클라우드컴퓨팅 발전 및 이용자 보호에 관한 법률」 제2조제2호에 따른 클라우드컴퓨팅기술

마. 무선 또는 유 · 무선이 결합된 초연결지능정보통신기반 기술

바. 그 밖에 대통령령으로 정하는 기술

5. "지능정보화"란 정보의 생산 · 유통 또는 활용을 기반으로 지능정보기술이나 그 밖의 다른 기술을 적용 · 융합하여 사회 각 분야의 활동을 가능하게 하거나 그러한 활동을 효율화 · 고도화하는 것을 말한다.

6. "지능정보사회"란 지능정보화를 통하여 산업 · 경제, 사회 · 문화, 행정 등 모든 분야에서 가치를 창출하고 발전을 이끌어가는 사회를 말한다.

7. "지능정보서비스"란 다음 각 목의 어느 하나에 해당하는 서비스를 말한다.

가. 「전기통신사업법」 제2조제6호에 따른 전기통신역무와 이를 이용하여 정보를 제공하거나 정보의 제공을 매개하는 것

나. 지능정보기술을 활용한 서비스

다. 그 밖에 지능정보화를 가능하게 하는 서비스

8. "정보통신망"이란 「전기통신기본법」 제2조제2호에 따른 전기통

신설비를 이용하거나 전기통신설비와 컴퓨터 및 컴퓨터의 이용기술을 활용하여 정보를 수집·가공·저장·검색·송신 또는 수신하는 정보통신체제를 말한다.

9. "초연결지능정보통신망"이란 정보통신 및 지능정보기술 관련 기기·서비스 등 모든 것이 언제 어디서나 연결[이하 "초연결"(超連結)이라 한다]되어 지능정보서비스를 이용할 수 있는 정보통신망을 말한다.

10. "초연결지능정보통신기반"이란 초연결지능정보통신망과 이에 접속되어 이용되는 정보통신 또는 지능정보기술 관련 기기·설비, 소프트웨어 및 데이터 등을 말한다.

11. "정보문화"란 지능정보화를 통하여 사회구성원에 의하여 형성되는 행동방식·가치관·규범 등의 생활양식을 말한다.

12. "지능정보사회윤리"란 지능정보기술의 개발, 지능정보서비스의 제공·이용 및 지능정보화의 추진 과정에서 인간 중심의 지능정보사회의 구현을 위하여 개인 또는 사회 구성원이 지켜야 하는 가치판단 기준을 말한다.

13. "정보격차"란 사회적·경제적·지역적 또는 신체적 여건 등으로 인하여 지능정보서비스, 그와 관련된 기기·소프트웨어에 접근하거나 이용할 수 있는 기회에 차이가 생기는 것을 말한다.

14. "지능정보서비스 과의존"이란 지능정보서비스의 지나친 이용이 지속되어 이용자가 일상생활에 심각한 지장을 받는 상태를 말한다.

15. "정보보호"란 정보의 수집·가공·저장·검색·송신 또는 수신 중 발생할 수 있는 정보의 훼손·변조·유출 등을 방지하기 위한

관리적 · 기술적 수단(이하 "정보보호시스템"이라 한다)을 마련하는 것을 말한다.

16. "공공기관"이란 다음 각 목의 어느 하나에 해당하는 기관을 말한다.

가. 「공공기관의 운영에 관한 법률」에 따른 공공기관

나. 「지방공기업법」에 따른 지방공사 및 지방공단

다. 특별법에 따라 설립된 특수법인

라. 「초 · 중등교육법」, 「고등교육법」 및 그 밖의 다른 법률에 따라 설치된 각급 학교

마. 그 밖에 대통령령으로 정하는 법인 · 기관 및 단체

제3조(지능정보사회 기본원칙) ① 국가 및 지방자치단체와 국민 등 사회의 모든 구성원은 인간의 존엄 · 가치를 바탕으로 자유롭고 개방적인 지능정보사회를 실현하고 이를 지속적으로 발전시킨다.

② 국가와 지방자치단체는 지능정보사회 구현을 통하여 국가경제의 발전을 도모하고, 국민생활의 질적 향상과 복리 증진을 추구함으로써 경제 성장의 혜택과 기회가 폭넓게 공유되도록 노력한다.

③ 국가 및 지방자치단체와 국민 등 사회의 모든 구성원은 지능정보기술을 개발 · 활용하거나 지능정보서비스를 이용할 때 역기능을 방지하고 국민의 안전과 개인정보의 보호, 사생활의 자유 · 비밀을 보장한다.

④ 국가와 지방자치단체는 지능정보기술을 활용하거나 지능정보서비스를 이용할 때 사회의 모든 구성원에게 공정한 기회가 주어지도록 노력한다.

⑤ 국가와 지방자치단체는 지능정보사회 구현시책의 추진 과정에서 민간과의 협력을 강화하고, 민간의 자유와 창의를 존중하고 지원한다.

⑥ 국가와 지방자치단체는 지능정보기술의 개발 · 활용이 인류의 공동발전에 이바지할 수 있도록 국제협력을 적극적으로 추진한다.

제4조(국가 · 지방자치단체 등의 책무) ① 국가와 지방자치단체는 이 법의 목적과 기본원칙을 고려하여 지능정보사회를 구현하기 위한 시책을 강구하여야 한다.

② 국가와 지방자치단체는 지능정보기술의 개발 · 고도화 및 활용을 제약하는 불필요한 규제를 적극적으로 개선하여야 한다.

③ 국가기관 · 지방자치단체 및 공공기관(이하 "국가기관등"이라 한다)은 지능정보기술을 개발 · 활용하거나 지능정보서비스를 제공 · 이용할 때 안전성 · 신뢰성 및 공정성 확보를 위하여 노력하여야 한다.

④ 국가와 지방자치단체는 지능정보화로 발생 · 심화될 수 있는 불평등을 해소하고 노동환경 변화에 대하여 적극적으로 대응하기 위하여 노력하여야 한다.

제5조(다른 법률과의 관계) ① 지능정보사회의 구현에 관한 다른 법률을 제정하거나 개정할 때에는 이 법의 목적과 기본원칙에 맞도록 노력하여야 한다.

② 지능정보사회의 구현에 관하여 다른 법률에 특별한 규정이 있는 경우를 제외하고는 이 법에서 정하는 바에 따른다.

③ 전자정부에 관한 사항은 이 법에 특별한 규정이 있는 경우를

제외하고는 「전자정부법」에서 정하는 바에 따른다.

제2장 지능정보사회 정책의 수립 및 추진체계

제6조(지능정보사회 종합계획의 수립) ① 정부는 지능정보사회 정책의 효율적·체계적 추진을 위하여 지능정보사회 종합계획(이하 “종합계획”이라 한다)을 3년 단위로 수립하여야 한다.

② 종합계획은 과학기술정보통신부장관이 관계 중앙행정기관(대통령 소속 기관 및 국무총리 소속 기관을 포함한다. 이하 같다)의 장 및 지방자치단체의 장의 의견을 들어 수립하며, 「정보통신 진흥 및 융합 활성화 등에 관한 특별법」 제7조에 따른 정보통신 전략위원회(이하 “전략위원회”라 한다)의 심의를 거쳐 수립·확정한다. 종합계획을 변경하는 경우에도 또한 같다.

③ 과학기술정보통신부장관이 중앙행정기관의 장 및 지방자치단체의 장에게 종합계획의 수립에 필요한 자료를 요청하는 경우 해당 기관의 장은 특별한 사정이 없으면 이에 응하여야 한다.

④ 종합계획에는 다음 각 호의 사항이 포함되어야 한다.

1. 지능정보사회 정책의 기본방향 및 중장기 발전방향

2. 공공·민간·지역 등 분야별 지능정보화

3. 지능정보기술의 고도화 및 지능정보서비스의 이용촉진과 관련 과학기술 발전 지원

4. 전 산업의 지능정보화 추진, 지능정보기술 관련 산업의 육성, 규제개선 및 공정한 경쟁환경 조성 등을 통한 신산업·신서비스 창업생태계 조성

5. 정보의 공동활용 · 표준화 및 초연결지능정보통신망의 구축

6. 지능정보사회 관련 법 · 제도 개선

7. 지능정보화 및 지능정보사회 관련 교육 · 홍보 · 인력양성 및 국제협력

8. 건전한 정보문화 창달 및 지능정보사회윤리의 확립

9. 정보보호, 정보격차 해소, 제51조에 따른 기본계획의 수립에 관한 사항 등 역기능 해소, 이용자의 권익보호 및 지식재산권의 보호

10. 지능정보사회 구현을 위한 시책 추진에 필요한 재원의 조달 · 운용 및 인력확보 방안

11. 그 밖에 지능정보사회 구현을 위하여 필요한 사항

⑤ 중앙행정기관의 장과 지방자치단체의 장은 소관 주요 정책을 수립하고 집행을 할 때 제4항 각 호의 사항을 우선적으로 고려하여야 한다.

⑥ 과학기술정보통신부장관은 매년 종합계획의 주요 시책에 대한 추진 실적을 점검 · 분석하여 그 결과를 전략위원회에 보고하여야 한다.

제7조(지능정보사회 실행계획의 수립) ① 중앙행정기관의 장과 지방자치단체의 장은 종합계획에 따라 매년 지능정보사회 실행계획(이하 "실행계획"이라 한다)을 수립 · 시행하여야 한다.

② 중앙행정기관의 장과 지방자치단체의 장은 전년도 실행계획의 추진 실적과 다음 해의 실행계획을 과학기술정보통신부장관과 행정안전부장관에게 제출하여야 한다. 이 경우 행정안전부장관은 지방자

치단체의 전년도 실행계획의 추진 실적과 다음 해의 실행계획을 종합하여 과학기술정보통신부장관에게 제출하여야 한다.

③ 중앙행정기관의 장과 지방자치단체의 장은 제2항에 따라 제출된 다음 해의 실행계획 중 대통령령으로 정하는 중요한 사항을 변경하는 경우에는 그 내용을 과학기술정보통신부장관과 행정안전부장관에게 제출하여야 한다.

④ 과학기술정보통신부장관과 행정안전부장관은 공동으로 제2항에 따라 제출된 추진 실적 및 실행계획과 제3항에 따라 제출된 실행계획을 점검·분석하고, 과학기술정보통신부장관은 행정안전부장관의 점검·분석 결과를 종합하여 그 의견을 기획재정부장관에게 제시하여야 한다.

⑤ 기획재정부장관은 실행계획에 필요한 예산을 편성할 때에는 제4항에 따른 의견을 참작하여야 한다.

⑥ 과학기술정보통신부장관은 관계 중앙행정기관의 장과 협의하여 국가기관등이 추진하는 지능정보화 사업의 중복투자 방지 등을 위한 방안을 마련할 수 있다. 다만, 「전자정부법」 제67조에 따른 사전협의 대상은 제외한다.

⑦ 실행계획의 수립 및 시행 등에 필요한 사항은 대통령령으로 정한다.

제8조(지능정보화책임관) ① 중앙행정기관의 장과 지방자치단체의 장은 해당 기관의 지능정보사회 시책의 효율적인 수립·시행과 지능정보화 사업의 조정 등 대통령령으로 정하는 업무를 총괄하는 책임관(이하 "지능정보화책임관"이라 한다)을 임명하여야 한다.

② 중앙행정기관의 장과 지방자치단체의 장은 제1항에 따라 지능정보화책임관을 임명한 때에는 제9조제2항에 따른 지능정보화책임관 협의회의 의장에게 이를 통보하여야 한다. 지능정보화책임관을 변경한 때에도 또한 같다.

제9조(지능정보화책임관 협의회) ① 중앙행정기관의 장과 지방자치단체의 장(특별시장 · 광역시장 · 특별자치시장 · 도지사 · 특별자치도지사를 말한다)은 지능정보사회 시책 및 지능정보화 사업의 효율적 추진과 필요한 정보의 교류 및 관련 정책의 협의 등을 하기 위하여 과학기술정보통신부장관, 행정안전부장관과 지능정보화책임관으로 구성된 지능정보화책임관 협의회(이하 이 조에서 “협의회”라 한다)를 구성 · 운영한다.

② 협의회의 의장은 과학기술정보통신부장관 및 행정안전부장관이 된다.

③ 협의회의 협의와 운영 등에 필요한 사항은 대통령령으로 정한다.

제10조(지능정보화 정책 등의 조정) ① 중앙행정기관의 장이나 지방자치단체의 장은 다른 중앙행정기관의 장이나 지방자치단체의 장이 수행하는 지능정보화 정책이나 사업 추진이 해당 기관의 지능정보화 정책이나 사업 추진에 지장을 줄 우려가 있다고 인정될 때에는 과학기술정보통신부장관에게 조정을 요청할 수 있다.

② 과학기술정보통신부장관은 제1항에 따라 조정을 한 때에는 그 결과를 해당 중앙행정기관의 장이나 지방자치단체의 장에게 통보하여야 한다.

③ 해당 중앙행정기관의 장이나 지방자치단체의 장은 특별한 사유가 없으면 제2항에 따라 통보받은 조정 결과를 해당 지능정보화 정책이나 사업 추진에 반영하여야 한다.

④ 조정의 절차와 방법 등에 관하여 필요한 사항은 대통령령으로 정한다.

제11조(지능정보화계획의 반영) ① 지능정보화 사업을 수반하는 사업으로서 「사회기반시설에 대한 민간투자법」 제2조에 따른 사회기반시설사업 또는 「지역 개발 및 지원에 관한 법률」 제2조에 따른 지역개발사업을 시행하려는 중앙행정기관의 장과 지방자치단체의 장은 해당 사업계획을 수립·시행할 때에는 지능정보기술의 활용, 초연결지능정보통신기반 및 지능정보서비스의 연계이용 등을 위한 지능정보화계획을 수립하여 반영하여야 한다. 다만, 지능정보기술의 활용이 경미한 사업으로서 지능정보화 사업의 특성 및 사업 규모 등이 대통령령으로 정하는 기준에 해당하는 경우에는 그러하지 아니하다.

② 중앙행정기관의 장과 지방자치단체의 장은 제1항에 따른 지능정보화계획을 수립하는 경우에는 다음 각 호의 사항을 검토하고 그 내용을 과학기술정보통신부장관에게 제출하여야 한다. 이 경우 과학기술정보통신부장관은 이를 검토하여 의견을 제시할 수 있으며, 의견을 제시받은 중앙행정기관의 장과 지방자치단체의 장은 정당한 사유가 없으면 이에 따라야 한다.

1. 해당 중앙행정기관 또는 지방자치단체나 다른 행정기관에 이미 구축되어 있는 「전자정부법」 제2조제13호에 따른 정보시스템(이하 "정보시스템"이라 한다)과 중복되는지 여부

2. 해당 중앙행정기관 또는 지방자치단체나 다른 행정기관에 이미 구축되어 있는 정보시스템과 연계이용 또는 공동활용이 가능한지 여부

③ 중앙행정기관의 장이나 지방자치단체의 장은 제2항에 따른 검토 결과 다른 행정기관에 이미 구축되어 있는 정보시스템과 연계이용 또는 공동활용이 필요하다고 판단하는 경우에는 중복투자 방지를 위하여 과학기술정보통신부장관과 협의할 수 있다.

④ 과학기술정보통신부장관은 중앙행정기관의 장과 지방자치단체의 장이 제1항에 따른 지능정보화계획을 효과적으로 수립할 수 있도록 기술 및 인력 등 필요한 사항을 지원하거나 지능정보화계획 수립 및 시행에 관한 지침을 정하여 고시할 수 있다.

⑤ 중앙행정기관의 장과 지방자치단체의 장은 지능정보화계획이 적정하게 반영·시행될 수 있도록 관련 전문가로 구성된 사업관리 전문지원체계를 운영할 수 있다.

제12조(한국지능정보사회진흥원의 설립) ① 과학기술정보통신부장관과 행정안전부장관은 지능정보사회 관련 정책의 개발과 국가기관등의 지능정보사회 시책 및 지능정보화 사업의 추진 등을 지원하기 위하여 한국지능정보사회진흥원(이하 “지능정보사회원”이라 한다)을 설립한다.

② 지능정보사회원은 법인으로 한다.

③ 지능정보사회원은 다음 각 호의 사업을 한다.

1. 종합계획, 실행계획 및 제13조에 따른 부문별 추진계획의 수립·시행에 필요한 전문기술의 지원

2. 지능정보기술의 보급을 위한 시책 수립의 지원 및 국가기관등의 지능정보기술 활용 촉진과 관련한 전문기술의 지원

3. 초연결지능정보통신기반 구축·운영을 위한 전문기술의 지원

4. 국가기관등의 초연결지능정보통신망의 관리·운영 및 지능정보화의 지원

5. 데이터 관련 시책의 수립 지원, 시범사업 추진 및 전문기술의 지원 등 데이터의 생산·관리·유통·활용의 활성화를 위하여 필요한 지원

6. 정보격차의 해소, 지능정보서비스 과의존 예방·해소 등 지능정보사회 역기능 해소를 위한 지원 및 연구

7. 지능정보사회윤리 확립과 정보문화의 창달을 위하여 필요한 지원 및 연구

8. 국가기관등의 지능정보화 사업 추진 및 평가 지원

9. 지능정보사회 구현과 관련된 정책 개발을 지원하기 위한 동향분석, 미래예측 및 법·제도의 조사·연구

10. 지능정보화 및 지능정보사회 관련 교육·홍보·컨설팅 등 대국민 인식 제고, 인력양성 및 국제협력

11. 다른 법령에서 지능정보사회원의 업무로 정하거나 지능정보사회원에 위탁한 사업

12. 그 밖에 국가기관등의 장이 위탁하는 사업

④ 국가기관등은 지능정보사회원의 설립·시설·운영 및 사업 추진 등에 필요한 경비에 충당하도록 하기 위하여 지능정보사회원에 출연할 수 있으며, 정부는 지능정보사회원의 설립 및 운영 등을 위

하여 필요한 국유재산을 무상으로 대여할 수 있다.

⑤ 지능정보사회원은 지원을 받으려는 국가기관등에 그 지원에 드는 비용의 전부 또는 일부를 부담하게 할 수 있다.

⑥ 지능정보사회원에 관하여는 이 법 및 「공공기관의 운영에 관한 법률」에서 정한 것을 제외하고는 「민법」 중 재단법인에 관한 규정을 준용한다.

⑦ 지능정보사회원이 아닌 자는 한국지능정보사회진흥원 또는 이와 유사한 명칭을 사용하지 못한다.

⑧ 제1항부터 제7항까지에서 규정한 사항 외에 지능정보사회원의 설립과 운영에 필요한 사항은 대통령령으로 정한다.

제3장 분야별 지능정보화의 추진

제13조(부문별 추진계획의 수립) ① 정부는 지능정보사회 기반 조성, 산업의 지능정보화 등 주요 부문별 지능정보사회 시책을 통일성·효율성 있게 추진하기 위하여 종합계획에 기초하여 부문별 추진계획을 수립할 수 있다.

② 과학기술정보통신부장관은 기획재정부장관에게 제7조제4항에 따라 의견을 제시하는 때에는 제1항에 따른 추진계획을 함께 제시할 수 있다.

③ 제1항에 따른 추진계획의 수립 등에 필요한 사항은 대통령령으로 정한다.

제14조(공공지능정보화의 추진) ① 국가기관등은 공공서비스의 지능정보화를 도모하고 국민 편익 증진 등을 위하여 행정, 보건, 사회복

지, 교육, 문화, 환경, 교통, 물류, 과학기술, 재난안전, 치안, 국방, 에너지 등 소관 업무에 대한 지능정보화(이하 “공공지능정보화”라 한다)를 추진하여야 한다.

② 국가기관등은 공공지능정보화를 효율적으로 추진하기 위하여 필요한 방안을 마련하여야 한다.

제15조(지역지능정보화의 추진) ① 국가기관과 지방자치단체는 지역 주민의 삶의 질 향상, 주민의 역량강화와 지역 간 균형발전, 정보격차 해소 등을 위하여 하나 또는 여러 개의 지역·도시에 대하여 행정·생활·산업 등의 분야를 대상으로 하는 지능정보화(이하 “지역지능정보화”라 한다)를 추진할 수 있다.

② 국가기관과 지방자치단체는 지역지능정보화를 추진하는 경우 지역의 수요와 특성을 고려하여야 하며, 관계 기관의 의견을 수렴하고 그 결과를 최대한 반영하여야 한다.

③ 국가기관은 지방자치단체가 추진하는 지역지능정보화를 위하여 행정, 재정, 기술 등에 관하여 필요한 사항을 지원할 수 있다.

제16조(민간 분야 지능정보화의 지원) 정부는 산업·금융·의료 등 민간 분야의 생산성 향상, 부가가치 창출, 국민생활의 균등한 향상, 국가경쟁력 확보 등을 위하여 기업의 지능정보화 및 초연결지능정보통신기반의 구축·이용 등 민간 분야의 지능정보화에 필요한 사항을 지원할 수 있다.

제17조(민간기관 등과의 협력) ① 국가기관등은 공공지능정보화 및 지역지능정보화를 추진할 때 민간투자를 적극 유치하고, 관련 민간사업자와 민간사업자단체에 필요한 지원을 할 수 있다.

② 국가기관등은 공공지능정보화 및 지역지능정보화를 추진하기 위하여 대통령령으로 정하는 바에 따라 민간기관 등과 협의체를 구성·운영할 수 있다.

제18조(지능정보화의 민간 확산) ① 정부는 공공분야의 지능정보화를 통하여 정보통신 및 지능정보기술 관련 산업의 조기 구축을 도모하고, 사회 각 분야에서 이용을 활성화할 수 있도록 필요한 시책을 마련하여야 한다.

② 국가기관등은 지능정보화의 추진을 통하여 생성되는 각종 지식과 정보가 사회 각 분야에 유용하게 유통·활용 될 수 있도록 필요한 기반을 마련하여야 한다. 이 경우 국가기관등은 개인정보 및 「부정경쟁방지 및 영업비밀보호에 관한 법률」 제2조제2호에 따른 영업비밀을 보호하여야 한다.

제19조(지식재산 및 지식재산권의 보호) ① 국가기관등은 지능정보화를 추진할 때 「지식재산 기본법」 제3조제3호에 따른 지식재산권이 합리적으로 보호될 수 있도록 필요한 시책을 마련하여야 한다.

② 국가기관등은 공공지능정보화를 추진할 때 지능정보서비스를 제공하는 자 등의 「지식재산 기본법」 제3조제1호에 따른 지식재산에 관한 권리 또는 이익을 침해하여서는 아니 된다.

③ 제2항의 위반으로 그 권리 또는 이익을 침해받거나 침해받을 우려가 있는 자는「정보통신 진흥 및 융합 활성화 등에 관한 특별법」 제7조제5항에 따른 실무위원회에 진정을 제기할 수 있다. 다만, 저작권과 관련된 분쟁은 「저작권법」에 따른 한국저작권위원회가 조정한다.

④ 제3항에 따른 진정 및 조정의 접수, 처리 등에 필요한 사항은 대통령령으로 정한다.

제4장 지능정보기술의 고도화 및 지능정보서비스의 이용촉진

제20조(지능정보기술의 개발) ① 정부는 지능정보기술의 개발과 보급을 촉진하기 위한 정책을 추진하여야 한다.

② 정부는 지능정보기술의 지속적 발전을 위하여 대통령령으로 정하는 바에 따라 다음 각 호의 어느 하나에 해당하는 기관이나 단체 또는 사업자(이하 이 조에서 "연구기관등"이라 한다)로 하여금 지능정보기술의 개발(이하 "기술개발"이라 한다)을 하게 할 수 있다.

1. 국·공립 연구기관
2. 「특정연구기관 육성법」의 적용을 받는 연구기관
3. 「정부출연연구기관 등의 설립·운영 및 육성에 관한 법률」에 따라 설립된 정부출연연구기관 또는 「과학기술분야 정부출연연구기관 등의 설립·운영 및 육성에 관한 법률」에 따라 설립된 과학기술분야 정부출연연구기관
4. 「고등교육법」 제2조 각 호에 따른 학교
5. 대통령령으로 정하는 기준에 따른 기업부설연구소
6. 「산업기술연구조합 육성법」에 따른 산업기술연구조합
7. 지능정보화에 관한 사업을 영위하는 사업자
8. 그 밖에 대통령령으로 정하는 기관이나 단체 또는 사업자

③ 기술개발에 필요한 비용은 정부의 출연금이나 정부 외의 자의 출연금, 그 밖에 기업의 연구개발비로 충당한다.

④ 제2항에 따른 연구기관등의 지정, 비용 지원 등에 필요한 사항은 대통령령으로 정한다.

제21조(기술기준) ① 과학기술정보통신부장관은 지능정보기술의 안정성 · 신뢰성 · 상호운용성 등을 확보하기 위하여 필요한 기술기준을 정하여 고시할 수 있다.

② 대통령령으로 정하는 국민의 생명 또는 신체안전 등에 밀접한 지능정보기술에 관련된 사업자는 과학기술정보통신부장관이 정하여 고시하는 기준에 적합하도록 지능정보기술을 개발 · 관리 · 활용하여야 한다.

제22조(지능정보기술의 표준화) ① 과학기술정보통신부장관은 지능정보기술의 발전 및 지능정보서비스의 이용 활성화를 위하여 지능정보기술의 표준화에 관한 다음 각 호의 사업을 추진할 수 있다.

1. 지능정보기술과 관련된 표준의 제정 · 개정 및 폐지와 그 보급. 다만, 「산업표준화법」에 따른 한국산업표준이 제정되어 있는 사항에 대하여는 그 표준에 따른다.
2. 지능정보기술 관련 국내외 표준의 조사 · 연구개발
3. 그 밖에 지능정보기술 관련 표준화 사업

② 과학기술정보통신부장관은 민간 부문에서 추진하는 지능정보기술 관련 표준화 사업에 대한 지원을 할 수 있다.

③ 과학기술정보통신부장관은 지능정보기술 표준과 관련된 국제표준기구 또는 국제표준기관과 협력체계를 유지 · 강화하여야 한다.

④ 제1항부터 제3항까지에 따른 사업 등의 추진과 관련하여 필요한 사항은 대통령령으로 정한다.

第23조(전문인력의 양성) ① 과학기술정보통신부장관은 지능정보기술 및 지능정보서비스의 발전을 위하여 전문인력의 양성에 필요한 다음 각 호의 시책을 수립·추진하여야 한다.

1. 전문인력의 수요 실태 파악 및 중·장기 수급 전망 수립
2. 전문인력 양성기관의 설립 또는 지원
3. 전문인력 양성 교육프로그램의 개발 및 보급 지원
4. 각급 학교 및 그 밖의 교육기관에서 시행하는 지능정보기술 및 지능정보서비스 관련 교육의 지원
5. 그 밖에 전문인력 양성에 필요한 사항

② 과학기술정보통신부장관은 제1항에 따라 전문인력을 양성하기 위하여 「고등교육법」 제2조 각 호에 따른 학교 등을 전문인력 양성기관으로 지정하여 교육 및 훈련을 실시하게 할 수 있으며, 예산의 범위에서 필요한 비용을 지원할 수 있다.

③ 과학기술정보통신부장관은 제2항에 따라 지정한 전문인력 양성기관이 다음 각 호의 어느 하나에 해당하는 경우 그 지정을 취소할 수 있다. 다만, 제1호에 해당하는 경우에는 그 지정을 취소하여야 한다.

1. 거짓이나 그 밖의 부정한 방법으로 전문인력 양성기관으로 지정받은 경우
2. 제4항에 따른 지정 요건에 적합하지 아니하게 된 경우
3. 전문인력 양성기관 지정일부터 1년 이상 교육 실적이 없는 경우

④ 제1항에 따른 시책의 수립 및 지원 내용, 제2항에 따른 전문

인력 양성기관의 지정 요건 및 절차, 제3항에 따른 지정 취소의 절차 등에 필요한 사항은 대통령령으로 정한다.

제24조(교육공무원 등의 휴직 허용) ① 다음 각 호의 어느 하나에 해당하는 사람(이하 “교육공무원등”이라 한다)은 「교육공무원법」 제44조제1항, 「국가공무원법」 제71조제2항, 「지방공무원법」 제63조제2항 및 「사립학교법」 제59조제1항에도 불구하고 지능정보서비스를 제공하거나 활용하는 기업(이하 “지능정보기업”이라 한다)에 근무하기 위하여 휴직할 수 있다.

1. 「고등교육법」에 따른 대학(산업대학과 전문대학을 포함한다. 이하 같다)의 교원(대학부설연구소의 연구원을 포함한다. 이하 같다)

2. 국·공립 연구기관의 연구원

3. 「정부출연연구기관 등의 설립·운영 및 육성에 관한 법률」 제8조제1항에 따른 연구기관의 연구원

4. 「과학기술분야 정부출연연구기관 등의 설립·운영 및 육성에 관한 법률」 제8조제1항에 따른 연구기관의 연구원

5. 「특정연구기관 육성법」 제2조에 따른 연구기관의 연구원

② 제1항에 따른 휴직 기간은 3년 이내로 하되, 소속기관의 장이 필요하다고 인정하면 3년 이내에서 휴직 기간을 연장할 수 있다. 이 경우 대학교원의 휴직 기간은 「교육공무원법」 제45조제2항에도 불구하고 임용 기간 중의 남은 기간을 초과할 수 있다.

③ 제1항에 따라 교육공무원등이 6개월 이상 휴직하는 경우에는 휴직일부터 해당 소속기관에 그 휴직자의 수에 해당하는 교원이나 연구원의 정원이 따로 있는 것으로 본다.

④ 제1항에 따라 교육공무원등이 휴직한 후 복직하는 경우 해당 소속기관의 장은 그 휴직으로 인하여 신분상 및 급여상의 불이익을 주어서는 아니 된다.

제25조(교육공무원등의 겸임 또는 겸직에 관한 특례) ① 교육공무원등은 그 소속기관의 장의 허가를 받아 지능정보기업의 대표자 또는 임직원을 겸임하거나 겸직할 수 있다. 다만, 공무원인 교육공무원등의 겸임 또는 겸직은 직무상의 능률을 저해할 우려가 없는 경우에만 할 수 있다.

② 제1항에 따라 교원 및 연구원이 소속기관의 장의 허가를 받은 때에는 「교육공무원법」 제18조제1항 및 「협동연구개발촉진법」 제6조제4항에 따른 겸임 및 겸직허가를 받은 것으로 본다.

제26조(기술개발의 실용화·사업화 지원) 정부는 지능정보기술의 개발성과를 실용화(기술을 활용하여 제품 및 서비스를 실제로 사용되게 하는 것) 또는 사업화(「기술의 이전 및 사업화 촉진에 관한 법률」 제2조제3호에 따른 사업화를 말한다. 이하 같다)하려는 자에 대하여 다음 각 호의 지원을 할 수 있다.

1. 실용화 또는 사업화를 위한 설비투자에 소요되는 자금의 융자
2. 기술개발로 생긴 「지식재산 기본법」 제3조제3호에 따른 지식재산권의 무상양여 또는 전용실시권·통상실시권 허락의 알선
3. 그 밖에 기술개발 성과의 실용화 또는 사업화를 지원하기 위하여 필요한 것으로서 대통령령으로 정하는 사항

제27조(지능정보기술 관련 지식재산권 등의 관리·유통) 과학기술정보통신부장관은 지능정보기술 개발·고도화 및 실용화·사업화를 효

율적으로 지원하기 위하여 다음 각 호의 시책을 수립하고 이를 추진하여야 한다.

1. 지능정보기술 관련 지식재산권·표준 등의 수집·분석·가공

2. 지능정보기술 관련 지식재산권·표준 등의 관리·유통 및 활용을 위한 체계의 구축·운영

3. 지능정보기술 관련 전문가 자문, 기관 간 협업 및 시스템 연계 등을 위한 협력체계의 구축 및 운영

4. 그 밖에 대통령령으로 정하는 지능정보기술 관련 지식재산권·표준 등의 생산·관리·유통 및 활용에 관한 사항

제28조(중소기업에 대한 지원) 정부는 지능정보기술의 활용을 촉진하기 위하여 지능정보기술 또는 지능정보서비스를 개발하는 중소기업에 행정적·재정적·기술적 지원을 할 수 있다.

제29조(유통구조의 개선과 보급 촉진) ① 정부는 지능정보기술 제품과 지능정보서비스의 유통구조를 개선하기 위하여 유통시설의 확충과 효율적인 유통시스템 구축, 유통업체 전문화 등의 사업을 지원할 수 있다.

② 정부는 국가기관등에 지능정보기술 제품 및 지능정보서비스를 보급하기 위한 방안을 마련하고 이를 지원할 수 있다.

③ 제1항 및 제2항에 따른 지원 대상과 방법 등에 관하여 필요한 사항은 대통령령으로 정한다.

제30조(지능정보서비스의 이용촉진) ① 정부는 지능정보서비스의 이용을 촉진하고 사회 각 분야에 지능정보기술이 다양하게 도입·확산될 수 있는 환경을 조성하기 위한 시책을 마련하여야 한다.

② 제1항에 따른 시책에는 지능정보서비스의 이용촉진과 지능정보기술의 도입·확산에 필요한 우수한 콘텐츠의 개발 및 보급을 촉진하기 위한 방안이 포함되어야 한다.

제31조(규제 개선 등) ① 누구든지 지능정보기술, 지능정보서비스 및 지능정보기술 제품을 개발·제공·활용할 수 있으며, 정부는 지능정보기술, 지능정보서비스 및 지능정보기술 제품을 개발·제공·활용하는 과정에서 사람의 생명과 안전을 저해하는 경우 등에 한정하여 이를 제한할 수 있다.

② 정부는 지능정보기술, 지능정보서비스 및 지능정보기술 제품 관련 소관 법령 및 제도를 제1항의 원칙에 부합하도록 개선·정비하여야 한다.

제32조(선도사업의 추진과 지원) ① 정부는 사회 각 분야에 지능정보기술 및 지능정보서비스의 이용을 활성화하거나 지능정보기술과 다른 기술을 접목하기 위하여 선도적으로 시범 적용하는 사업(이하 "선도사업"이라 한다)을 적극적으로 추진하여야 한다.

② 정부는 선도사업이 효율적으로 추진될 수 있도록 행정적·재정적·기술적 지원 등 필요한 지원을 할 수 있다.

제33조(선도사업 거점지구의 지정 등) ① 과학기술정보통신부장관은 선도사업의 추진 및 확산을 위하여 필요한 경우에는 대통령령으로 정하는 바에 따라 선도사업 거점지구(이하 "거점지구"라 한다)를 지정할 수 있다.

② 과학기술정보통신부장관은 제1항에 따라 거점지구를 지정하려는 경우에는 다음 각 호의 사항이 포함된 거점지구 조성계획을 수

립하여야 한다.

1. 거점지구 조성의 목표·전략 및 추진체계에 관한 사항

2. 거점지구에서 추진할 선도사업의 내용 및 지능정보기술의 종류에 관한 사항

3. 재원의 조달 및 운용에 관한 사항

4. 그 밖에 거점지구의 조성 및 지원을 위하여 필요한 사항

③ 국가나 지방자치단체는 거점지구의 조성 및 운영을 위하여 필요한 경우에는 그 조성비 및 운영비의 전부 또는 일부를 지원할 수 있다.

④ 과학기술정보통신부장관은 다음 각 호의 어느 하나에 해당하는 경우 거점지구의 지정을 취소할 수 있다. 다만, 제1호에 해당하는 경우에는 그 지정을 취소하여야 한다.

1. 거짓이나 그 밖의 부정한 방법으로 지정을 받은 경우

2. 거점지구 지정의 목적을 달성하기 어렵다고 판단할 만한 상당한 이유가 있는 경우

제5장 지능정보화의 기반 구축

제34조(초연결지능정보통신기반 시책의 마련 등) ① 정부는 지능정보서비스가 안전하고 안정적으로 제공·이용될 수 있도록 초연결지능정보통신기반 구축·운용에 관한 시책을 마련하여 시행하여야 한다.

② 정부는 초연결지능정보통신망의 확충·고도화 및 품질관리를 위하여 필요한 시책을 마련하여야 한다.

제35조(국가지능망의 관리) ① 과학기술정보통신부장관은 국가재정

으로 공공기관과 대통령령으로 정하는 비영리기관(이하 "비영리기관등"이라 한다)이 이용하는 초연결지능정보통신망(이하 "국가지능망"이라 한다)을 구축·관리하거나 제39조에 따라 지정된 전담기관으로 하여금 구축·관리하게 할 수 있다.

② 과학기술정보통신부장관은 비영리기관등이 국가지능망을 최소의 비용으로 이용할 수 있도록 필요한 시책을 강구하여야 한다.

③ 국가지능망의 구축·관리에 관하여 필요한 사항은 대통령령으로 정한다.

제36조(초연결지능연구개발망의 구축·관리) 과학기술정보통신부장관은 초연결지능정보통신망의 구축을 촉진하기 위하여 국가재정으로 초연결지능연구개발망(초연결지능정보통신망과 관련한 기술 및 서비스를 시험·검증하고 연구개발을 지원하기 위한 정보통신망을 말한다)을 구축·관리·운영하거나 제39조에 따라 지정된 전담기관으로 하여금 구축·관리·운영하게 할 수 있다.

제37조(초연결지능정보통신망 확충을 위한 협조) ① 정부는 초연결지능정보통신망의 원활한 확충을 위하여 관로·공동구·전주 등(이하 "관로등"이라 한다)의 시설의 효율적 확충·관리에 필요한 시책을 강구하여야 한다.

② 「전기통신사업법」 제6조에 따른 기간통신사업자, 「방송법」 제2조에 따른 종합유선방송사업자 및 중계유선방송사업자(이하 이 조에서 "기간통신사업자등"이라 한다)는 도로, 철도, 지하철도, 상·하수도, 전기설비, 전기통신회선설비 등을 건설·운용·관리하는 기관의 장에 대하여 필요한 비용부담을 조건으로 전기통신 선로설비(「방송

법」 제80조에 따른 전송·선로설비를 포함한다)의 설치를 위한 관로등의 건설 또는 대여를 요청할 수 있다.

③ 기간통신사업자등은 제2항의 기관과 관로등의 건설 또는 대여에 관한 합의가 이루어지지 아니할 경우 과학기술정보통신부장관에게 조정을 요청할 수 있다.

④ 과학기술정보통신부장관은 제3항에 따른 조정요청을 받아 조정을 할 경우 관계 중앙행정기관의 장과 사전에 협의하여야 한다.

⑤ 제2항부터 제4항까지에 따른 건설 또는 대여의 요청 및 합의와 조정에 관하여 필요한 사항은 대통령령으로 정한다.

제38조(초연결지능정보통신망의 상호연동 등) ① 정부는 국가기관과 지방자치단체가 구축한 초연결지능정보통신망의 효율적인 운영과 정보의 공동활용을 촉진하기 위하여 초연결지능정보통신망 간 상호연동에 필요한 시책을 마련하여야 한다.

② 국가기관과 지방자치단체가 초연결지능정보통신망을 구축·운영하려는 경우에는 다른 기관의 초연결지능정보통신망을 공동활용하는 방안을 우선적으로 마련하여야 한다.

제39조(전담기관의 지정·운영) ① 과학기술정보통신부장관은 초연결지능정보통신기반의 원활한 구축과 이용촉진을 위하여 필요한 때에는 그 업무를 전담할 기관(이하 이 조에서 "전담기관"이라 한다)을 지정할 수 있다.

② 정부는 초연결지능정보통신기반의 구축 및 이용촉진과 관련된 업무를 수행하는 데 소요되는 자금을 전담기관에 출연하거나 융자 등을 할 수 있다.

③ 전담기관은 제2항에 따른 자금을 별도로 관리하여야 한다.

④ 전담기관의 지정 및 운영 등에 관하여 필요한 사항은 대통령령으로 정한다.

제40조(데이터센터의 구축 및 운영 활성화) ① 정부는 지능정보서비스의 제공을 위하여 다수의 초연결지능정보통신기반을 일정한 공간에 집적시켜 통합 운영·관리하는 시설(이하 "데이터센터"라 한다)의 안정적인 운영과 효율적인 제공 등을 위하여 데이터센터의 구축 및 운영 활성화 시책을 수립·시행할 수 있다.

② 과학기술정보통신부장관은 민간 데이터센터의 구축 및 운영 활성화 시책을 수립·시행하고 이에 필요한 지원을 할 수 있다.

③ 행정안전부장관은 정부 및 공공 부문의 데이터센터의 구축 및 운영 활성화 시책을 수립·시행하고, 민간 데이터센터를 이용하는 공공기관의 지능정보서비스의 안정성과 신뢰성 등을 높이기 위하여 필요한 지원을 할 수 있다.

④ 제1항부터 제3항까지의 규정에 따른 시책의 수립·시행과 지원 대상·방법 등에 관하여 필요한 사항은 대통령령으로 정한다.

제41조(인터넷주소자원의 이용) 국가기관등이 「인터넷주소자원에 관한 법률」 제2조제1호에 따른 인터넷주소를 사용하여 초연결지능정보통신기반 및 웹사이트를 신규로 구축하거나 이미 구축·운영하고 있는 초연결지능정보통신기반 및 웹사이트를 재구축할 때에는 128비트로 확장된 인터넷주소를 이용하도록 노력하여야 한다.

제42조(데이터 관련 시책의 마련) ① 정부는 지능정보화의 효율적 추진과 지능정보서비스의 제공·이용 활성화에 필요한 데이터의 생

산 · 수집 및 유통 · 활용 등을 촉진하기 위하여 필요한 정책을 추진하여야 한다.

② 과학기술정보통신부장관은 다음 각 호의 사항이 포함된 시책을 수립 · 시행하여야 한다. 다만, 공공데이터에 관한 사항은 「공공데이터의 제공 및 이용 활성화에 관한 법률」에 따른다.

1. 데이터 관련 시책의 기본방향
2. 데이터의 생산 · 수집 및 유통 · 활용
3. 데이터 유통 활성화 및 유통체계 구축
4. 데이터의 생산 · 수집 및 유통 · 활용에 관한 기술개발의 추진
5. 데이터의 표준화 및 품질제고
6. 데이터 전문인력 양성 및 데이터 전문기업 육성
7. 제2호부터 제6호까지와 관련한 재원의 확보
8. 그 밖에 데이터의 생산 · 수집 및 유통 · 활용을 위하여 필요한 사항

③ 과학기술정보통신부장관은 데이터의 효율적인 생산 · 수집 및 유통 · 활용을 위하여 표준화를 추진하여야 한다. 다만, 「공공데이터의 제공 및 이용 활성화에 관한 법률」, 「산업표준화법」 등 다른 법률에 관련 표준이 있는 경우에는 그 표준을 따라야 한다.

제43조(데이터의 유통 · 활용) ① 정부는 데이터의 효율적인 생산 · 수집 · 관리와 원활한 유통 · 활용을 위하여 국가기관등, 법인, 기관 및 단체와의 협력체계를 구축하고, 이를 위한 지원을 할 수 있다.

② 정부는 지능정보사회 구현을 위하여 원활한 유통과 활용이 필요한 다음 각 호의 데이터를 생산 · 수집 또는 보유하고 있는 국가기

관등, 법인, 기관 및 단체를 지원할 수 있다. 다만, 공공데이터에 관한 사항은 「공공데이터의 제공 및 이용 활성화에 관한 법률」에 따른다.

1. 국가적으로 보존 및 이용 가치가 있는 자료로서 학술, 문화, 과학기술, 행정 등에 관한 디지털화된 자료나 디지털화의 필요성이 인정되는 데이터

2. 국민 생활의 질적 향상과 복리 증진 및 안전을 위하여 필요한 데이터

3. 국가 경제·산업의 발전을 도모하고 국가경쟁력 확보 등을 위하여 필요한 데이터

4. 그 밖에 지능정보화 및 지능정보서비스의 발전을 위하여 필요한 데이터

③ 제2항 각 호의 데이터의 생산·수집·유통·활용 등을 지원하기 위하여 지능정보사회원에 데이터통합지원센터를 설치할 수 있다. 다만, 공공데이터에 관한 사항은 「공공데이터의 제공 및 이용 활성화에 관한 법률」에 따른다.

④ 제2항에 따른 지원의 내용 및 방법 등에 관하여 필요한 사항과 제3항에 따른 데이터통합지원센터의 기능·운영 등에 관한 구체적인 사항은 대통령령으로 정한다.

제6장 지능정보사회의 기반 조성

제1절 정보문화의 창달·확산 및 사회변화 대응

제44조(정보문화의 창달과 확산) ① 국가기관등은 인간의 존엄·가

치가 존중되는 자유롭고 개방적인 정보문화 창달 및 확산을 위하여 다음 각 호의 사항이 이루어지도록 노력하여야 한다.

1. 지능정보사회 구현에 따른 편익의 보편적 향유

2. 지능정보사회윤리의 확립

3. 사생활의 비밀·자유와 개인정보의 보호

4. 지능정보화에 따른 정보격차의 해소

5. 지능정보서비스 과의존의 예방과 해소

6. 지능정보기술 및 지능정보서비스 이용자의 권익 보호

② 중앙행정기관과 지방자치단체는 건전한 정보문화의 창달 및 확산과 지능정보사회에 대한 국민의 이해증진 등을 위하여 다음 각 호에 관한 계획을 수립하고 시행하여야 한다.

1. 정보문화 교육과 관련 인력의 양성

2. 정보문화 창달을 위한 홍보

3. 정보문화 교육 콘텐츠의 개발·보급

4. 정보문화 창달을 위한 사업이나 활동을 하는 단체에 대한 지원

5. 정보문화의 향유 및 교류 활성화를 위한 기반 조성과 제도 개선에 관한 사항

6. 그 밖에 정보문화 창달을 위하여 필요한 사항

③ 과학기술정보통신부장관은 국가교육위원회와 협의하여 「유아교육법」 제13조 및 「초·중등교육법」 제23조에 따른 교육과정의 기준과 내용에 정보문화에 관한 교육내용이 포함될 수 있도록 노력하여야 한다. 〈개정 2021. 7. 20.〉

④ 정부는 건전한 정보문화의 창달 및 확산과 지능정보사회에 대한 국민의 이해증진 등을 위하여 대통령령으로 정하는 바에 따라 정보문화의 달을 지정·운영한다.

第45조(정보격차 해소 시책의 마련) 국가기관과 지방자치단체는 모든 국민이 지능정보서비스에 원활하게 접근하고 이를 유익하게 활용할 기본적 권리를 누구나 격차 없이 실질적으로 누릴 수 있도록 필요한 시책을 마련하여야 한다.

第46조(장애인·고령자 등의 지능정보서비스 접근 및 이용 보장) ① 국가기관등은 정보통신망을 통하여 정보나 서비스를 제공할 때 장애인·고령자 등이 웹사이트와 이동통신단말장치(「전파법」에 따라 할당받은 주파수를 사용하는 기간통신역무를 이용하기 위하여 필요한 단말장치를 말한다. 이하 같다)에 설치되는 응용 소프트웨어 등 대통령령으로 정하는 유·무선 정보통신을 쉽게 이용할 수 있도록 접근성을 보장하여야 한다.

② 지능정보서비스 제공자는 그 서비스를 제공할 때 장애인·고령자 등의 접근과 이용의 편익을 증진하기 위하여 노력하여야 한다.

③ 정보통신 또는 지능정보기술 관련 제조업자는 정보통신 또는 지능정보기술 관련 기기 및 소프트웨어(이하 "지능정보제품"이라 한다)를 설계, 제작, 가공할 때 장애인·고령자 등이 쉽게 접근하고 이용할 수 있도록 노력하여야 한다. 이 경우 장애인·고령자 등이 별도의 보조기구 없이 지능정보제품을 이용할 수 없는 경우에는 지능정보제품이 보조기구와 호환될 수 있게 노력하여야 한다.

④ 국가기관등은 지능정보제품을 구매할 때 장애인·고령자 등의

정보 접근과 이용 편의를 보장한 지능정보제품의 우선 구매를 촉진하기 위하여 필요한 시책을 마련하여야 한다.

⑤ 「전기통신사업법」 제2조제8호에 따른 전기통신사업자는 장애인·고령자 등의 지능정보서비스 접근 및 이용 편의 증진을 위하여 노력하여야 한다.

⑥ 과학기술정보통신부장관은 장애인·고령자 등의 지능정보서비스 접근 및 이용 편의 증진을 위한 지능정보제품 및 지능정보서비스의 종류·지침 등을 정하여 고시하여야 한다.

⑦ 제4항에 따른 우선 구매 대상 지능정보제품의 검증기준, 검증절차, 구매촉진 및 그 밖에 필요한 사항은 대통령령으로 정한다.

제47조(장애인·고령자 등의 정보통신접근성 품질인증 등) ① 과학기술정보통신부장관은 장애인·고령자 등의 정보 접근 및 이용 편의를 증진하기 위하여 제46조제1항에 따라 대통령령으로 정하는 유·무선 정보통신에 대한 접근성 품질인증(이하 "정보통신접근성 품질인증"이라 한다)을 할 수 있다.

② 과학기술정보통신부장관은 정보통신접근성 품질인증을 위하여 인증기관을 지정할 수 있다.

③ 제2항에 따라 인증기관으로 지정을 받으려는 자는 과학기술정보통신부장관에게 인증기관 지정을 신청하여야 한다.

④ 과학기술정보통신부장관은 제2항에 따라 인증기관으로 지정받은 기관이 다음 각 호의 어느 하나에 해당하면 그 지정을 취소하거나 1년 이내의 기간을 정하여 해당 업무의 전부 또는 일부의 정지를 명할 수 있다. 다만, 제1호 및 제2호에 해당하는 경우에는 그 지

정을 취소하여야 한다.

1. 거짓이나 그 밖의 부정한 방법으로 인증기관으로 지정을 받은 경우

2. 업무정지기간 중에 인증 업무를 한 경우

3. 정당한 사유 없이 인증 업무를 수행하지 아니한 경우

4. 제5항에 따른 인증기관 지정 기준에 적합하지 아니하게 된 경우

5. 제5항에 따른 인증 기준 또는 절차를 위반하여 인증을 한 경우

⑤ 제1항에 따른 인증기관 지정의 기준, 지정 취소 및 업무 정지, 그 밖에 정보통신접근성 품질인증 제도 운영에 필요한 사항은 대통령령으로 정한다.

제48조(정보통신접근성 품질인증의 신청 등) ① 정보통신접근성 품질인증을 받으려는 자는 제47조제2항에 따라 지정된 인증기관에 인증을 신청하여야 한다.

② 정보통신접근성 품질인증을 받은 자는 해당 정보통신서비스를 제공할 때 대통령령으로 정하는 바에 따라 정보통신접근성 품질인증 내용을 표시하거나 정보통신접근성 품질인증을 받은 사실을 홍보할 수 있다.

③ 정보통신접근성 품질인증을 받지 아니한 자는 제2항에 따른 정보통신접근성 품질인증의 표시 또는 이와 유사한 표시를 하거나 정보통신접근성 품질인증을 받은 것으로 홍보를 하여서는 아니 된다.

④ 인증기관의 장은 정보통신접근성 품질인증을 받은 자가 다음 각 호의 어느 하나에 해당하는 경우에는 정보통신접근성 품질인증을 취소할 수 있다. 다만, 제1호에 해당하는 때에는 인증을 취소하여야

한다.

1. 거짓이나 그 밖의 부정한 방법으로 정보통신접근성 품질인증을 받은 경우

2. 제5항에 따른 정보통신접근성 품질인증 기준을 지키지 아니한 경우

⑤ 제2항부터 제4항까지에 따른 인증의 기준·절차·방법·유효기간, 수수료 부과 등에 필요한 사항은 대통령령으로 정한다.

제49조(정보격차 해소 관련 기술개발 및 지능정보제품 보급지원) ① 국가기관과 지방자치단체는 장애인·고령자 등의 지능정보서비스 접근 및 이용환경 개선을 위한 관련 기술을 개발하기 위하여 필요한 시책을 마련하여야 하며, 과학기술정보통신부장관은 관련 기술의 개발 및 지능정보제품 보급을 지원할 수 있다.

② 국가기관과 지방자치단체는 다음 각 호의 사업자에게 재정 지원 및 기술적 지원을 할 수 있다.

1. 장애인·고령자 등의 지능정보서비스 접근 및 이용환경 개선을 위하여 지능정보제품을 개발·생산하는 사업자

2. 장애인·고령자·농어민 또는 저소득자 등을 위한 콘텐츠를 제공하는 사업자

3. 제1항에 따른 관련 기술을 개발·보급하는 사업자

③ 국가기관과 지방자치단체는 다음 각 호의 어느 하나에 해당하는 사람에게 대통령령으로 정하는 바에 따라 유상 또는 무상으로 지능정보제품을 제공할 수 있다.

1. 「장애인복지법」 제2조에 따른 장애인

2. 「국민기초생활 보장법」 제2조제1호에 따른 수급권자

3. 그 밖에 경제적, 지역적, 신체적 또는 사회적 제약으로 인하여 정보를 이용하기 어려운 사람으로서 대통령령으로 정하는 사람

④ 제2항에 따른 지원대상자의 선정ㆍ지원 방법 및 절차 등에 관한 사항은 대통령령으로 정한다.

제50조(정보격차해소교육의 시행) ① 국가기관과 지방자치단체는 정보격차의 해소를 위하여 필요한 교육(이하 이 조에서 "정보격차해소교육"이라 한다)을 시행하여야 한다.

② 국가기관과 지방자치단체는 다음 각 호의 어느 하나에 해당하는 사람에 대한 정보격차해소교육 비용의 전부 또는 일부를 부담할 수 있다.

1. 「장애인복지법」 제2조에 따른 장애인 중 대통령령으로 정하는 사람

2. 「국민기초생활 보장법」 제2조제2호에 따른 수급자

3. 「북한이탈주민의 보호 및 정착지원에 관한 법률」 제2조제1호에 따른 북한이탈주민

4. 그 밖에 국가의 부담으로 정보격차해소교육을 할 필요가 있다고 대통령령으로 정하는 사람

③ 정부는 정보격차해소교육이나 정보격차해소교육에 필요한 시설의 관리를 위하여 「병역법」 제2조제1항제10호에 따른 사회복무요원 등 필요한 인력을 지원할 수 있다.

④ 정보격차해소교육의 대상 및 종류는 대통령령으로 정한다.

제51조(지능정보서비스 과의존의 예방 및 해소 계획 수립) ① 과학

기술정보통신부장관은 3년마다 관계 중앙행정기관의 장과 협의하여 지능정보서비스 과의존의 예방 및 해소를 위한 기본계획(이하 "기본계획"이라 한다)을 수립하여야 한다.

② 과학기술정보통신부장관 및 관계 중앙행정기관의 장은 매년 기본계획에 따라 지능정보서비스 과의존의 예방 및 해소를 위한 추진계획(이하 이 조에서 "추진계획"이라 한다)을 수립·시행하여야 한다.

③ 과학기술정보통신부장관 및 관계 중앙행정기관의 장은 기본계획 또는 추진계획 수립을 위하여 필요한 경우에는 관계 행정기관, 공공기관 및 단체의 장에게 필요한 자료의 제출 등 협조를 요청할 수 있으며, 협조 요청을 받은 자는 특별한 사유가 없으면 그 요청에 따라야 한다.

④ 기본계획과 추진계획의 수립·시행에 필요한 사항은 대통령령으로 정한다.

제52조(지능정보서비스 과의존 대응센터) ① 국가기관 및 지방자치단체는 지능정보서비스 과의존의 예방 및 해소를 위하여 지능정보서비스 과의존 대응업무를 전문적으로 수행하는 센터(이하 "대응센터"라 한다)를 설치·운영할 수 있다.

② 대응센터는 다음 각 호의 업무를 수행한다.

1. 지능정보서비스 과의존에 대한 상담 및 치유

2. 지능정보서비스 과의존 예방 및 해소에 관한 교육·홍보

3. 그 밖에 지능정보서비스 과의존의 예방 및 해소를 위하여 필요한 사업

③ 그 밖에 대응센터의 설치·운영에 필요한 사항은 대통령령으로 정한다.

제53조(지능정보서비스 과의존 관련 전문인력 양성) 과학기술정보통신부장관은 관계 중앙행정기관의 장과 협의하여 지능정보서비스 과의존의 예방 및 해소와 관련된 전문인력 양성에 필요한 정책을 시행할 수 있다.

제54조(지능정보서비스 과의존 관련 교육) ① 국가기관 및 지방자치단체는 지능정보서비스 과의존의 예방 및 해소를 위하여 필요한 교육을 실시할 수 있다.

② 다음 각 호의 어느 하나에 해당하는 기관의 장은 지능정보서비스 과의존의 예방 및 해소를 위한 교육을 다음 각 호의 구분에 따라 실시하고, 그 결과를 과학기술정보통신부장관에게 제출하여야 한다. 다만, 제2호 및 제3호에 해당하는 기관의 장은 「교육관련기관의 정보공개에 관한 특례법」에 따른 공시로써 제출을 갈음할 수 있다.

1. 「영유아보육법」 제2조제3호에 따른 어린이집: 연 1회 이상
2. 「유아교육법」 제2조제2호에 따른 유치원: 연 1회 이상
3. 「초·중등교육법」 제2조 각 호에 따른 학교: 반기별 1회 이상
4. 「고등교육법」 제2조 각 호에 따른 학교: 연 1회 이상
5. 그 밖에 대통령령으로 정하는 공공기관: 연 1회 이상

③ 과학기술정보통신부장관은 제2항에 따른 교육 실시 결과를 매년 점검하여야 한다.

④ 과학기술정보통신부장관은 제3항에 따라 교육 실시 결과를 점

검하여 교육이 부실하다고 인정되는 기관에 대해서는 대통령령으로 정하는 바에 따라 관리자 특별교육 등 필요한 조치를 하여야 한다.

⑤ 국가기관 및 지방자치단체는 제2항에 따른 교육에 필요한 재정적·행정적 지원을 할 수 있다.

⑥ 제1항 및 제2항에 따른 교육의 내용과 방법, 교육 실시 결과의 제출, 제3항에 따른 점검 등에 필요한 사항은 대통령령으로 정한다.

제55조(일자리·노동환경 변화 대응) 정부는 지능정보화의 심화 등에 따른 일자리·노동환경의 변화에 대비하여 다음 각 호의 내용을 포함하는 일자리, 교육, 복지 등의 대책을 수립하고 시행하여야 한다.

1. 지능정보사회의 경제적 성장의 혜택과 기회가 공유될 수 있도록 양극화 완화 및 불평등 해소에 관한 사항

2. 일자리 양극화 등 고용 구조 변화에 따른 고용안전망 체계 마련 및 일자리 창출 등에 관한 사항

제56조(지능정보서비스 등의 사회적 영향평가) ① 국가 및 지방자치단체는 국민의 생활에 파급력이 큰 지능정보서비스 등의 활용과 확산이 사회·경제·문화 및 국민의 일상생활 등에 미치는 영향에 대하여 다음 각 호의 사항을 조사·평가(이하 "사회적 영향평가"라 한다) 할 수 있다. 다만, 지능정보기술의 경우에는 「과학기술기본법」 제14조제1항의 기술영향평가로 대신한다.

1. 지능정보서비스 등의 안전성 및 신뢰성

2. 정보격차 해소, 사생활 보호, 지능정보사회윤리 등 정보문화에

미치는 영향

3. 고용·노동, 공정거래, 산업 구조, 이용자 권익 등 사회·경제에 미치는 영향

4. 정보보호에 미치는 영향

5. 그 밖에 지능정보서비스 등이 사회·경제·문화 및 국민의 일상생활에 미치는 영향

② 과학기술정보통신부장관은 사회적 영향평가의 결과를 공개하고, 해당 지능정보서비스 등의 안전성·신뢰성 향상 등 필요한 조치를 국가기관등 및 사업자 등에 권고할 수 있다.

제2절 지능정보기술 및 지능정보서비스 이용의 안전성 및 신뢰성 보장

제57조(정보보호 시책의 마련 등) ① 국가기관과 지방자치단체는 정보를 처리하거나 지능정보서비스를 제공 또는 이용하는 모든 과정에서 정보보호를 위한 시책을 마련하여야 한다.

② 정부는 암호기술의 개발과 이용을 촉진하고 암호기술을 이용하여 지능정보서비스의 안전을 도모할 수 있는 조치를 마련하여야 한다.

제58조(정보보호시스템에 관한 기준 고시 등) ① 과학기술정보통신부장관은 관계 기관의 장과 협의하여 정보보호시스템의 성능과 신뢰도에 관한 기준을 정하여 고시하고, 정보보호시스템을 제조하거나 수입하는 자에게 그 기준을 지킬 것을 권고할 수 있다.

② 과학기술정보통신부장관은 유통·사용 중인 정보보호시스템이

제1항에 따른 기준에 미치지 못할 경우에 정보보호시스템의 보완 및 그 밖에 필요한 사항을 권고할 수 있다.

③ 제1항에 따른 기준을 정하기 위한 절차와 제2항에 따른 권고에 관한 사항 및 그 밖에 필요한 사항은 대통령령으로 정한다.

제59조(초연결지능정보통신기반의 안전성 등) ① 초연결지능정보통신기반을 구축·운용하는 자는 초연결지능정보통신기반의 안전성 및 신뢰성 향상을 위하여 노력하여야 한다.

② 과학기술정보통신부장관은 초연결지능정보통신기반의 안전성·신뢰성에 관한 기준 및 정보보호에 관한 기준(관리적·물리적·기술적 보호조치를 포함한다)을 행정안전부장관 등 관계 기관의 장과 협의하여 고시하고, 초연결지능정보통신기반을 제조·구축·운용하는 자에게 그 기준을 지킬 것을 권고할 수 있다.

제60조(안전성 보호조치) ① 과학기술정보통신부장관은 행정안전부장관 등 관계 기관의 장과 협의하여 지능정보기술 및 지능정보서비스의 안전성을 확보하기 위하여 다음 각 호와 같은 필요한 최소한도의 보호조치의 내용과 방법을 정하여 고시할 수 있다.

1. 지능정보기술과 지능정보서비스의 오작동 방지에 관한 사항

2. 지능정보기술 및 지능정보서비스에 대한 권한 없는 자의 접근, 조작 등 전자적 침해행위의 방지에 관한 사항

3. 지능정보기술 및 지능정보서비스의 접속기록, 운용·활용기록의 저장·관리 및 제공 등에 관한 사항

4. 지능정보기술의 동작 및 지능정보서비스 제공을 외부에서 긴급하게 정지하는 것(이하 "비상정지"라 한다)과 비상정지에 필요한 알

고리즘의 제공에 관한 사항

5. 기타 지능정보기술 및 지능정보서비스의 안전성 확보를 위해 필요한 사항

② 과학기술정보통신부장관은 지능정보기술을 개발 또는 활용하는 자와 지능정보서비스를 제공하는 자에게 제1항에 따른 고시가 정하는 바에 따라 안전성 보호조치를 하도록 권고할 수 있다.

③ 중앙행정기관의 장은 사람의 생명 또는 신체에 대한 긴급한 위해를 방지하기 위하여 필요한 때에는 지능정보기술을 개발 또는 활용하는 자와 지능정보서비스를 제공하는 자에게 비상정지를 요청할 수 있다. 이 경우 요청받은 자는 정당한 사유가 없으면 이에 응하여야 한다.

제61조(사생활 보호 설계 등) ① 지능정보기술을 개발 또는 활용하는 자와 지능정보서비스를 제공하는 자, 지능정보기술이나 지능정보서비스를 이용하는 자는 다른 이용자 또는 제3자의 사생활 및 개인정보(이하 "사생활등"이라 한다)를 침해하여서는 아니 된다.

② 지능정보기술을 개발 또는 활용하는 자와 지능정보서비스를 제공하는 자는 해당 기술과 서비스를 사생활등의 보호에 적합하게 설계하여야 한다.

③ 국가기관과 지방자치단체는 지능정보화를 추진할 때 인간의 존엄과 가치가 보장될 수 있도록 사생활등의 보호를 위한 시책을 마련하여야 한다.

제62조(지능정보사회윤리) ① 국가기관과 지방자치단체는 지능정보기술을 개발·활용하거나 지능정보서비스를 제공·이용할 때 인간의

존엄과 가치를 존중하고 공공성·책무성·통제성·투명성 등의 윤리 원칙을 담은 지능정보사회윤리를 확립하기 위하여 다음 각 호의 사항을 포함한 시책을 마련하여야 한다.

1. 지능정보사회윤리 확립을 위한 교육, 전문인력 양성 및 홍보
2. 지능정보사회윤리 교육 콘텐츠 개발·보급
3. 지능정보사회윤리 관련 연구 및 개발
4. 지능정보사회윤리 관련 단체에 대한 지원

② 정부는 지능정보기술을 개발 또는 활용하는 자, 지능정보서비스를 제공 또는 이용하는 자가 인간의 존엄과 가치를 훼손하거나 기본적인 지능정보사회윤리를 침해하지 않도록 윤리교육·홍보 및 제도개선을 적극적으로 추진하여야 한다.

③ 정부는 제2항에 따른 윤리교육·홍보를 위하여 학교교육, 평생교육과 언론·인터넷 등을 통한 홍보 등에 사용하는 프로그램 및 콘텐츠를 개발하여 보급하여야 한다.

④ 정부는 지능정보기술 또는 지능정보서비스 개발자·공급자·이용자가 준수하여야 하는 사항을 정한 지능정보사회윤리준칙을 제정하여 보급할 수 있다.

제63조(이용자의 권익보호) ① 국가기관과 지방자치단체는 지능정보사회 시책을 추진할 때 지능정보기술 및 지능정보서비스 등을 이용하는 이용자의 권익보호를 위하여 다음 각 호의 시책을 마련하여야 한다.

1. 이용자의 생명·신체·명예 및 재산상의 위해 방지
2. 이용자의 불만 및 피해에 대한 신속·공정한 구제

3. 이용자의 권익보호를 위한 조직의 육성 및 활동 지원

4. 이용자의 권익보호를 위한 교육·홍보 및 연구

5. 이용자의 안전보장 및 피해구제 등 이용자의 권익구제를 위한 손해배상·보험 등 관련 법령 및 제도의 개선

6. 그 밖에 이용자의 권익보호와 관련된 사항

② 정보통신서비스 제공자는 사업을 할 때 이용자를 보호하기 위하여 필요한 조치를 마련하여야 한다.

제7장 보칙

제64조(재원의 조달) ① 국가기관과 지방자치단체는 이 법에서 정한 시책의 추진을 위하여 필요한 재원을 확보하도록 노력하여야 한다.

② 국가기관과 지방자치단체는 이 법에 따른 시책을 시행하기 위하여 국가 예산 또는 지방자치단체의 예산으로 관련 사업을 지원할 수 있다.

제65조(국제협력) ① 정부는 지능정보기술·지능정보서비스 개발, 지능정보화 및 지능정보사회 추진에 관한 국제적 동향을 파악하고 국제협력을 추진하여야 한다.

② 정부는 지능정보기술·지능정보서비스 및 지능정보화의 국제기준의 수립에 우리나라가 선도적 역할을 수행할 수 있도록 행정적 및 재정적 지원을 할 수 있다.

③ 정부는 지능정보사회와 지능정보화에 관한 국제협력을 추진하기 위하여 다음 각 호의 업무를 할 수 있다.

1. 지능정보사회 및 지능정보화 관련 기술과 인력의 국제교류 지원

2. 국제표준화와 국제공동연구개발사업 등의 지원

3. 국제기구 및 외국정부와의 협력

4. 지능정보화와 관련된 국제평가

5. 지능정보화와 관련된 민간부문의 국제협력 지원

6. 정보문화 및 지능정보사회윤리의 확립, 정보격차 해소 및 지능정보서비스 과의존 예방·해소와 관련된 국제협력

7. 그 밖에 국제협력과 관련하여 대통령령으로 정하는 사항

제66조(지표조사) 과학기술정보통신부장관은 지능정보기술·지능정보서비스의 발전 및 사회 각 분야에서의 지능정보기술 활용 등 지능정보사회에 대한 지표를 조사하고 개발하여 보급하여야 한다.

제67조(연차보고 등) ① 정부는 매년 지능정보사회 추진 시책과 동향에 관한 보고서를 정기국회 개회 전까지 국회에 제출하여야 한다.

② 과학기술정보통신부장관은 다음 각 호의 사항에 관한 실태조사를 하고 그 결과를 종합하여 제1항에 따른 보고서에 포함하여야 한다.

1. 선도사업의 추진 실태

2. 데이터의 활용 실태

3. 정보격차의 실태 및 해소 현황

4. 지능정보서비스 과의존 실태, 관련 교육 및 조치 현황

5. 그 밖에 대통령령으로 정하는 사항

③ 제2항에 따른 실태조사에 필요한 사항은 대통령령으로 정한다.

제68조(자료 제출의 요청) ① 과학기술정보통신부장관은 다음 각 호의 사항을 위하여 국가기관등에 자료 제출 및 협조를 요청할 수 있다.

1. 제6조에 따른 종합계획의 수립 및 변경의 지원

2. 제7조에 따른 실행계획의 점검·분석 및 제10조에 따른 지능정보화 정책 등의 조정의 지원

3. 제51조에 따른 기본계획 수립

4. 제60조에 따른 안전성 보호조치의 내용과 기준 수립

5. 제65조에 따른 국제협력

6. 제67조에 따른 연차보고

② 행정안전부장관은 제7조에 따른 실행계획의 점검·분석을 위하여 국가기관등에 자료 제출을 요청할 수 있다.

제69조(권한의 위임 및 위탁) ① 이 법에 따른 과학기술정보통신부장관 및 행정안전부장관의 권한은 그 일부를 대통령령으로 정하는 바에 따라 과학기술정보통신부 및 행정안전부 소속기관의 장이나 지방자치단체의 장에게 위임하거나 다른 행정기관의 장에게 위탁할 수 있다.

② 과학기술정보통신부장관은 다음 각 호의 권한을 대통령령으로 정하는 바에 따라 지능정보사회원에 위탁할 수 있다.

1. 제11조제5항에 따른 과학기술정보통신부 소관 사업관리 전문지원체계의 운영

2. 제27조에 따른 지능정보기술 관련 지식재산권·표준 등의 관리·유통 및 활용을 위한 체계의 운영

3. 제32조에 따른 선도사업의 추진 및 지원

4. 제47조에 따른 정보통신접근성 품질인증 운영 지원

③ 행정안전부장관은 다음 각 호의 권한을 대통령령으로 정하는 바에 따라 지능정보사회원 및 「전자정부법」 제72조에 따른 한국지

역정보개발원에 위탁할 수 있다.

1. 제11조제5항에 따른 행정안전부 소관 사업관리 전문지원체계의 운영

2. 제15조에 따른 지역지능정보화의 추진

3. 제32조에 따른 선도사업의 추진 및 지원

제70조(과태료) ① 제12조제7항을 위반하여 한국지능정보사회진흥원 또는 이와 유사한 명칭을 사용한 자에게는 1천만원 이하의 과태료를 부과한다.

② 다음 각 호의 어느 하나를 위반한 자에게는 500만원 이하의 과태료를 부과한다.

1. 제21조제2항을 위반하여 지능정보기술을 개발 · 관리 · 활용한 자

2. 제48조제3항을 위반하여 정보통신접근성 품질인증의 표시 또는 이와 유사한 표시를 하거나 정보통신접근성 품질인증을 받은 것으로 홍보한 자

③ 제1항 및 제2항에 따른 과태료는 과학기술정보통신부장관이 부과 · 징수한다.

부칙 〈제17344호, 2020. 6. 9.〉

제1조(시행일) 이 법은 공포 후 6개월이 경과한 날부터 시행한다. 다만, 제46조제4항 및 제7항의 개정규정은 이 법 공포 후 1년이 경과한 날부터 시행한다.

제2조(한국정보화진흥원의 명칭 변경에 따른 경과조치) ① 이 법 시행 당시 종전의 제14조에 따른 한국정보화진흥원(이하 “정보화진흥

원"이라 한다)은 이 법 제12조의 개정규정에 따라 설립된 지능정보사회원으로 본다.

② 이 법 시행 당시 종전의 제14조에 따른 정보화진흥원에 속하였던 모든 재산과 권리·의무는 이 법에 따른 지능정보사회원이 승계한다.

③ 이 법 시행 당시 등기부, 그 밖의 공부(公簿)에 표시된 종전의 제14조에 따른 정보화진흥원의 명의는 지능정보사회원의 명의로 본다.

④ 이 법 시행 당시 종전의 제14조에 따른 정보화진흥원이 행한 행위 또는 정보화진흥원에 대한 행위는 지능정보사회원이 행한 행위 또는 지능정보사회원에 대한 행위로 본다.

⑤ 이 법 시행 당시 종전의 제14조에 따른 정보화진흥원의 임직원은 지능정보사회원의 임직원으로 본다.

제3조(기본계획에 관한 경과조치) 이 법 시행 당시 종전의 제6조에 따른 기본계획은 제6조의 개정규정에 따른 종합계획이 수립될 때까지 효력을 갖는다.

제4조(시행계획에 관한 경과조치) 이 법 시행 당시 종전의 제7조에 따른 시행계획은 제7조의 개정규정에 따른 실행계획이 수립될 때까지 효력을 갖는다.

제5조(초고속국가망 등에 대한 경과조치) ① 이 법 시행 당시 종전의 제44조에 따른 초고속국가망의 구축·관리 등과 관련된 사업은 제35조의 개정규정에 따라 시행한 것으로 본다.

② 이 법 시행 당시 종전의 제45조에 따른 광대역통합연구개발망

의 구축·관리·운영 등과 관련된 사업은 제36조의 개정규정에 따라 시행한 것으로 본다.

③ 이 법 시행 당시 종전의 제30조의6에 따른 인터넷중독대응센터는 제52조의 개정규정에 따른 대응센터로 본다.

제6조(과태료에 관한 경과조치) 이 법 시행 전의 행위에 대하여 과태료 규정을 적용할 때에는 종전의 규정에 따른다.

제7조(다른 법률의 개정) ① 건설기술 진흥법 일부를 다음과 같이 개정한다.

제19조제4항 중 "「국가정보화 기본법」 제6조에 따른 국가정보화 기본계획 및 같은 법 제7조에 따른 국가정보화 시행계획"을 "「지능정보화 기본법」 제6조에 따른 지능정보사회 종합계획 및 같은 법 제7조에 따른 지능정보사회 실행계획"으로 한다.

② 건축서비스산업 진흥법 일부를 다음과 같이 개정한다.

제8조제3항 중 "「국가정보화 기본법」 제6조 및 제7조에 따른 국가정보화 기본계획 및 국가정보화 시행계획"을 "「지능정보화 기본법」 제6조 및 제7조에 따른 지능정보사회 종합계획 및 지능정보사회 실행계획"으로 한다.

③ 공공데이터의 제공 및 이용 활성화에 관한 법률 일부를 다음과 같이 개정한다.

제2조제1호 중 "「국가정보화 기본법」 제3조제10호"를 "「지능정보화 기본법」 제2조제16호"로 하고, 같은 조 제2호나목 중 "「국가정보화 기본법」 제3조제1호"를 "「지능정보화 기본법」 제2조제1호"로 한다.

제13조제1항 중 “「국가정보화 기본법」 제14조에 따른 한국정보화진흥원”을 “「지능정보화 기본법」 제12조에 따른 한국지능정보사회진흥원”으로 한다.

④ 과학기술인공제회법 일부를 다음과 같이 개정한다.

제6조제2항제7호 중 “「국가정보화 기본법」 제14조에 따른 한국정보화진흥원”을 “「지능정보화 기본법」 제12조에 따른 한국지능정보사회진흥원”으로 한다.

⑤ 국가재정법 일부를 다음과 같이 개정한다.

제38조제1항제2호 중 “「국가정보화 기본법」 제15조제1항에 따른 정보화 사업”을 “「지능정보화 기본법」 제14조제1항에 따른 지능정보화 사업”으로 한다.

⑥ 국방정보화 기반조성 및 국방정보자원관리에 관한 법률 일부를 다음과 같이 개정한다.

제7조제1항 중 “「국가정보화 기본법」 제11조”를 “「지능정보화 기본법」 제8조”로 한다.

⑦ 스마트도시 조성 및 산업진흥 등에 관한 법률 일부를 다음과 같이 개정한다.

제2조제3호나목 중 “「국가정보화 기본법」 제3조제13호의 초고속정보통신망, 같은 조 제14호의 광대역통합정보통신망”을 “「지능정보화 기본법」 제2조제9호에 따른 초연결지능정보통신망”으로 한다.

제4조제3항 후단 중 “「국가정보화 기본법」 제6조에 따라 수립된 국가정보화 기본계획”을 “「지능정보화 기본법」 제6조에 따른 지능정보사회 종합계획”으로 하고, “지역의 국가정보화”를 “지역의 지능정

보화”로 한다.

⑧ 엔지니어링산업 진흥법 일부를 다음과 같이 개정한다.

제8조제4항 중 “「국가정보화 기본법」 제6조 및 제7조에 따른 국가정보화 기본계획 및 국가정보화 시행계획”을 “「지능정보화 기본법」 제6조 및 제7조에 따른 지능정보사회 종합계획 및 지능정보사회 실행계획”으로 한다.

⑨ 인터넷 멀티미디어 방송사업법 일부를 다음과 같이 개정한다.

제2조제2호 중 “「국가정보화 기본법」 제3조제14호에 따른 광대역통합정보통신망”을 “「지능정보화 기본법」 제2조제9호에 따른 초연결지능정보통신망”으로 한다.

⑩ 자연재해대책법 일부를 다음과 같이 개정한다.

제44조의2제4항 중 “「국가정보화 기본법」 제6조 및 제7조에 따른 국가정보화 기본계획 및 국가정보화 시행계획”을 “「지능정보화 기본법」 제6조 및 제7조에 따른 지능정보사회 종합계획 및 지능정보사회 실행계획”으로 한다.

⑪ 장애인차별금지 및 권리구제 등에 관한 법률 일부를 다음과 같이 개정한다.

제3조제8호가목 및 나목 중 “「국가정보화 기본법」 제3조제1호”를 “「지능정보화 기본법」 제2조제1호”로 하고, 같은 조 제9호 중 “「국가정보화 기본법」 제3조제5호”를 “「지능정보화 기본법」 제2조제3호”로 한다.

⑫ 전기사업법 일부를 다음과 같이 개정한다.

제20조제2항 중 “「국가정보화 기본법」 제46조제2항”을 “「지능정

보화 기본법」 제37조제2항"으로 하고, 같은 조 제3항 중 "「국가정보화 기본법」 제46조제4항"을 "「지능정보화 기본법」 제37조제4항"으로 한다.

⑬ 전자정부법 일부를 다음과 같이 개정한다.

제5조제3항 중 "「국가정보화 기본법」 제7조에 따른 국가정보화 시행계획"을 "「지능정보화 기본법」 제7조에 따른 지능정보사회 실행계획"으로 한다.

⑭ 정보보호산업의 진흥에 관한 법률 일부를 다음과 같이 개정한다.

제2조제2항 중 "「국가정보화 기본법」"을 "「지능정보화 기본법」"으로 한다.

⑮ 정보통신망 이용촉진 및 정보보호 등에 관한 법률 일부를 다음과 같이 개정한다.

제2조제2항 중 "「국가정보화 기본법」"을 "「지능정보화 기본법」"으로 한다.

제4조제3항 중 "「국가정보화 기본법」 제6조에 따른 국가정보화 기본계획"을 "「지능정보화 기본법」 제6조에 따른 지능정보사회 종합계획"으로 한다.

제65조제2항 중 "「국가정보화 기본법」 제14조에 따른 한국정보화진흥원"을 "「지능정보화 기본법」 제12조에 따른 한국지능정보사회진흥원"으로 한다.

⑯ 정보통신 진흥 및 융합 활성화 등에 관한 특별법 일부를 다음과 같이 개정한다.

제7조제3항제7호 중 "「국가정보화 기본법」에 따른 국가정보화 추

진"을 "「지능정보화 기본법」에 따른 지능정보화 추진"으로 한다.

⑰ 조세특례제한법 일부를 다음과 같이 개정한다.

제5조제1항제3호 중 "「국가정보화 기본법」 제3조제6호"를 "「지능정보화 기본법」 제2조제15호"로 한다.

⑱ 클라우드컴퓨팅 발전 및 이용자 보호에 관한 법률 일부를 다음과 같이 개정한다.

제2조제4호 중 "「국가정보화 기본법」 제3조제1호"를 "「지능정보화 기본법」 제2조제1호"로 한다.

제12조제2항 중 "「국가정보화 기본법」에 따른 국가정보화"를 "「지능정보화 기본법」에 따른 지능정보화"로 한다.

⑲ 토지이용 인·허가 절차 간소화를 위한 특별법 일부를 다음과 같이 개정한다.

제18조제1항 중 "「국가정보화 기본법」 제3조제10호"를 "「지능정보화 기본법」 제2조제16호"로 한다.

⑳ 한옥 등 건축자산의 진흥에 관한 법률 일부를 다음과 같이 개정한다.

제7조제2항 중 "「국가정보화 기본법」 제6조 및 제7조에 따른 국가정보화 기본계획 및 국가정보화 시행계획"을 "「지능정보화 기본법」 제6조 및 제7조에 따른 지능정보사회 종합계획 및 지능정보사회 실행계획"으로 한다.

제8조(다른 법령과의 관계) 이 법 시행 당시 다른 법령에서 종전의 「국가정보화 기본법」 또는 그 규정을 인용한 경우 이 법 중 그에 해당하는 규정이 있을 때에는 종전의 「국가정보화 기본법」 또는 그

규정을 갈음하여 이 법 또는 이 법의 해당 규정을 인용한 것으로 본다.

부칙 〈제18298호, 2021. 7. 20.〉 (국가교육위원회 설치 및 운영에 관한 법률)

제1조(시행일) 이 법은 공포 후 1년이 경과한 날부터 시행한다.

제2조 부터 제5조까지 생략

제6조(다른 법률의 개정) ①부터 ④까지 생략

⑤ 지능정보화 기본법 일부를 다음과 같이 개정한다.

제44조제3항 중 "교육부장관과"를 "국가교육위원회와"로 한다.

⑥부터 ⑬까지 생략

**개정 예정 법률 밑줄 별도 표시.

지능정보화 기본법 시행령

[시행 2022. 7. 21.] [대통령령 제32627호, 2022. 5. 9., 타법개정]

제1장 총칙

제1조(목적) 이 영은 「지능정보화 기본법」에서 위임된 사항과 그 시행에 필요한 사항을 규정함을 목적으로 한다.

제2장 지능정보사회 정책의 수립 및 추진체계

제2조(지능정보사회 종합계획의 고시) 과학기술정보통신부장관은 「지능정보화 기본법」(이하 "법"이라 한다) 제6조제2항에 따라 수립·확정된 지능정보사회 종합계획(이하 "종합계획"이라 한다)을 관보에 고시해야 한다.

제3조(지능정보사회 실행계획의 수립 등) ① 중앙행정기관의 장과 지방자치단체의 장은 법 제7조제1항에 따른 지능정보사회 실행계획(이하 "실행계획"이라 한다)을 수립할 때에는 다음 각 호의 구분에 따른 중앙행정기관의 장과 협의해야 하며, 종합계획과 연계되도록 해야 한다.

1. 중앙행정기관의 장: 과학기술정보통신부장관
2. 지방자치단체의 장: 과학기술정보통신부장관 및 행정안전부장관

② 중앙행정기관의 장과 지방자치단체의 장은 정보보호에 관한 사

항을 포함하여 실행계획을 수립하려면 미리 관계 행정기관의 장과 협의해야 한다.

③ 중앙행정기관의 장과 지방자치단체의 장은 법 제7조제2항 전단에 따라 전년도 실행계획의 추진 실적과 다음 해의 실행계획을 다음 각 호의 구분에 따른 날까지 과학기술정보통신부장관과 행정안전부장관에게 제출해야 한다.

1. 중앙행정기관의 장: 매년 5월 20일

2. 지방자치단체의 장: 매년 9월 10일

④ 행정안전부장관은 법 제7조제2항 후단에 따라 제출받은 지방자치단체의 전년도 실행계획의 추진 실적과 다음 해의 실행계획을 종합하여 매년 10월 10일까지 과학기술정보통신부장관에게 제출해야 한다.

⑤ 법 제7조제3항에서 “대통령령으로 정하는 중요한 사항”이란 중앙행정기관 및 지방자치단체의 지능정보화 정책에 중대한 영향을 미치는 사항으로서 다음 각 호의 어느 하나에 해당하는 사항을 말한다.

1. 둘 이상의 중앙행정기관 또는 지방자치단체와 관련되어 있는 사항

2. 과학기술정보통신부령으로 정하는 금액 이상의 예산상 조치가 필요한 사항

제4조(실행계획 추진실적 등 점검·분석 의견의 제시 등) ① 행정안전부장관은 법 제7조제4항에 따라 점검·분석한 결과를 다음 각 호의 구분에 따른 기한까지 과학기술정보통신부장관에게 제출해야 한다.

1. 중앙행정기관의 장이 제출한 자료를 점검·분석한 결과: 매년 6월 10일

2. 지방자치단체의 장이 제출한 자료를 점검·분석한 결과: 매년 10월 10일

② 과학기술정보통신부장관은 법 제7조제4항에 따라 점검·분석한 결과와 제1항에 따라 행정안전부장관이 제출한 자료를 종합하여 그 의견을 다음 각 호의 구분에 따른 기한까지 기획재정부장관에게 제시해야 한다.

1. 중앙행정기관의 장이 제출한 자료를 점검·분석한 결과와 행정안전부장관이 제출한 자료를 종합한 의견: 매년 6월 30일

2. 지방자치단체의 장이 제출한 자료를 점검·분석한 결과와 행정안전부장관이 제출한 자료를 종합한 의견: 매년 10월 31일

③ 과학기술정보통신부장관은 제2항에 따라 기획재정부장관에게 제시한 의견을 중앙행정기관의 장과 지방자치단체의 장에게 통보해야 한다.

제5조(실행계획의 확정) 중앙행정기관의 장과 지방자치단체의 장은 특별한 사유가 없으면 제4조제3항에 따라 통보받은 의견을 반영하여 매년 12월 31일까지 다음 해의 실행계획을 확정한 후 다음 해 1월 31일까지 과학기술정보통신부장관과 행정안전부장관에게 제출해야 한다.

제6조(지능정보화책임관의 업무) 법 제8조제1항에서 "지능정보화 사업의 조정 등 대통령령으로 정하는 업무"란 다음 각 호의 업무를 말한다.

1. 지능정보화 사업의 조정, 지원 및 평가

2. 지능정보사회 정책의 총괄, 조정 지원 및 평가

3. 지능정보사회 정책과 기관 내 다른 정책 등과의 연계 · 조정

4. 지능정보기술을 이용한 행정업무의 지원

5. 정보자원의 현황 및 통계자료의 체계적 작성 · 관리

6. 「전자정부법」 제2조제12호에 따른 정보기술아키텍처(이하 "정보기술아키텍처"라 한다)의 도입 · 활용

7. 건전한 정보문화의 창달 및 지능정보사회윤리의 확립

8. 지능정보화 및 지능정보사회 관련 교육 및 역량강화

9. 그 밖에 다른 법령에서 법 제8조제1항에 따른 지능정보화책임관(이하 "지능정보화책임관"이라 한다)의 업무로 정하는 사항

제7조(지능정보화책임관 협의회의 협의 및 운영) ① 법 제9조제1항에 따른 지능정보화책임관 협의회(이하 이 조에서 "협의회"라 한다)는 다음 각 호의 사항을 협의한다.

1. 지능정보화 관련 주요 정책 및 사업의 현황에 관한 사항

2. 종합계획 및 법 제13조에 따른 부문별 추진계획에 관한 사항

3. 지능정보화 촉진을 위한 규제 및 정책의 개선에 관한 사항

4. 정보기술아키텍처에 관한 사항

5. 정보자원의 체계적 관리 및 표준화에 관한 사항

6. 둘 이상의 국가기관 · 지방자치단체 및 공공기관(이하 "국가기관등"이라 한다)이 관련된 지능정보화사업의 추진에 관한 사항

7. 정보문화 창달, 정보격차 해소 및 지능정보서비스 과의존(過依存)의 예방 · 해소에 관한 사항

8. 지능정보화책임관의 역량강화에 관한 사항

9. 그 밖에 협의회에서 협의할 필요가 있다고 협의회의 의장이 인정하는 사항

② 협의회 의장은 각자 협의회를 대표하며, 협의회의 업무를 총괄한다.

③ 협의회 의장 모두가 부득이한 사유로 직무를 수행할 수 없을 때에는 협의회가 미리 정한 위원의 순으로 그 직무를 대행한다.

④ 협의회의 사무를 처리하기 위하여 협의회에 간사 2명을 두며, 간사는 과학기술정보통신부 및 행정안전부의 지능정보화 업무를 담당하는 고위공무원단에 속하는 공무원 중에서 과학기술정보통신부장관 및 행정안전부장관이 각각 1명씩 지명한다.

⑤ 제2항부터 제4항까지에서 정한 사항 외에 협의회 운영에 필요한 사항은 협의회의 의견을 들어 협의회 의장이 공동으로 정한다.

제8조(지능정보화 정책 등의 조정 절차 및 방법) ① 법 제10조제1항에 따른 조정을 요청하려는 중앙행정기관의 장이나 지방자치단체의 장은 다음 각 호에 관한 사항을 적은 조정요청서를 과학기술정보통신부장관에게 제출해야 한다.

1. 조정의 상대방

2. 조정이 필요한 지능정보화 정책 또는 사업에 관한 내용

3. 조정을 요청한 취지

② 과학기술정보통신부장관은 제1항에 따른 요청을 받은 경우 조정의 당사자에게 해당 조정에 필요한 의견 및 자료의 제출을 요청할 수 있다. 이 경우 요청을 받은 조정의 당사자는 특별한 사유가

없으면 그 요청에 따라야 한다.

③ 과학기술정보통신부장관은 필요한 경우 조정 대상 지능정보화 정책 또는 사업과 관련이 되어 있는 중앙행정기관의 장, 지방자치단체의 장 또는 해당 분야의 전문가로부터 의견을 들을 수 있다.

제9조(지능정보화계획의 반영) ① 법 제11조제1항 단서에서 "대통령령으로 정하는 기준에 해당하는 경우"란 다음 각 호의 어느 하나에 해당하는 경우를 말한다.

1. 「전자정부법」 제2조제13호에 따른 정보시스템(이하 "정보시스템"이라 한다)의 구축 또는 고도화 사업비가 5억원 미만인 사업(신규사업은 제외한다)인 경우

2. 「정보통신공사업법 시행령」 제4조제1항제1호부터 제4호까지, 제6호 또는 제7호에 따른 공사인 경우

3. 개인용 컴퓨터, 프린터, 그 밖에 과학기술정보통신부장관이 정하여 고시하는 다기능 사무기기 또는 관련 소프트웨어의 구매사업인 경우

4. 그 밖에 과학기술정보통신부장관이 지능정보화 사업의 특성상 법 제11조제1항 본문에 따른 지능정보화계획(이하 "지능정보화계획"이라 한다)의 수립이 필요하지 않다고 인정하는 사업인 경우

② 중앙행정기관의 장과 지방자치단체의 장은 법 제11조제1항 단서에 따라 지능정보화계획을 수립하지 않은 경우에는 다음 각 호의 사항을 과학기술정보통신부장관에게 통보해야 한다.

1. 법 제11조제1항 본문에 따른 사회기반시설사업 또는 지역개발사업의 내용과 예산

2. 제1호의 사업에 수반되는 지능정보화 사업의 내용과 예산

3. 제1항 각 호의 어느 하나에 해당함을 증명하는 자료

③ 과학기술정보통신부장관은 중앙행정기관의 장 또는 지방자치단체의 장에게 법 제11조제4항에 따라 관련 전문가로 기술지원단을 구성하여 지원을 할 수 있으며, 필요한 경우에는 법 제12조에 따른 한국지능정보사회진흥원(이하 "지능정보사회원"이라 한다)으로 하여금 기술을 지원하도록 할 수 있다.

제10조(지능정보사회원의 운영) 지능정보사회원은 법 제12조제3항 각 호의 사업을 수행하기 위하여 필요한 경우에는 국가기관등에 관련 자료의 제공을 요청할 수 있다.

제3장 분야별 지능정보화의 추진

제11조(부문별 추진계획의 수립) ① 법 제13조제1항에 따른 부문별 추진계획에는 다음 각 호의 사항이 포함되어야 한다.

1. 부문별 지능정보사회 시책의 기본방향 및 목표에 관한 사항

2. 부문별 지능정보사회 시책의 추진체계에 관한 사항

3. 부문별 지능정보사회 시책의 추진에 필요한 재원의 조달에 관한 사항

4. 부문별 지능정보사회 시책의 추진에 필요한 국가기관등의 협력에 관한 사항

5. 그 밖에 부문별 지능정보사회 시책을 추진하기 위하여 필요한 사항

② 과학기술정보통신부장관은 법 제13조제1항에 따라 부문별 추

진계획을 수립한 경우 그 추진계획을 관계 중앙행정기관의 장과 지방자치단체의 장에게 통보해야 한다.

③ 과학기술정보통신부장관은 법 제13조제1항에 따라 수립된 부문별 추진계획과 실행계획이 연계되도록 하기 위하여 필요한 경우 관계 중앙행정기관의 장과 지방자치단체의 장에게 실행계획을 수정·보완할 것을 요청할 수 있다. 이 경우 지방자치단체의 장에 대해서는 행정안전부장관을 거쳐 요청해야 한다.

제12조(민간기관 등과의 협의체 구성·운영) ① 국가기관등의 장은 법 제17조제2항에 따라 관련 민간사업자 및 민간사업자단체와 협의체(이하 "지능정보화협의체"라 한다)를 구성·운영할 수 있다.

② 지능정보화협의체 의장은 제1항에 따라 지능정보화협의체를 구성·운영하는 국가기관등의 장이 해당 국가기관등의 공무원이나 임직원, 지능정보화협의체를 구성하는 민간사업자 또는 민간사업자단체의 대표자 중에서 임명하거나 위촉하는 사람으로 한다.

③ 지능정보화협의체 의장은 지능정보화협의체를 대표하며, 그 업무를 총괄한다.

④ 국가기관등은 지능정보화협의체를 통하여 제시되는 의견이 지능정보화 정책의 수립·추진에 최대한 반영될 수 있도록 노력해야 한다.

⑤ 지능정보화협의체의 회의 소집 등 지능정보화협의체의 운영에 필요한 세부 사항은 지능정보화협의체 구성원의 의견을 들어 지능정보화협의체 의장이 정한다.

제13조(진정서의 제출 등) ① 법 제19조제3항 본문에 따른 진정을

제기하려는 자는 진정서에 다음 각 호의 사항을 적은 문서를 첨부하여 「정보통신 진흥 및 융합 활성화 등에 관한 특별법」 제7조제5항에 따른 실무위원회(이하 이 조에서 "실무위원회"라 한다)에 제출해야 한다.

1. 진정인의 이름과 주소(진정인이 법인인 경우에는 그 명칭·소재지 및 대표자의 이름)

2. 피진정기관

3. 침해받거나 침해받을 우려가 있는 「지식재산 기본법」 제3조제1호에 따른 지식재산에 관한 권리 또는 이익의 내용

4. 진정의 취지·이유

② 실무위원회는 법 제19조제3항 본문에 따라 제기된 진정을 처리하기 위하여 필요한 경우에는 진정인, 피진정기관 및 관련 국가기관등에 진정과 관련된 의견 또는 자료의 제출을 요청할 수 있다. 이 경우 요청을 받은 피진정기관 및 관련 국가기관등은 특별한 사유가 없으면 그 요청에 따라야 한다.

③ 실무위원회는 법 제19조제3항 본문에 따라 제기된 진정을 검토한 결과 진정인의 「지식재산 기본법」 제3조제1호에 따른 지식재산에 관한 권리 또는 이익의 침해가 발생했거나 발생할 우려가 크다고 판단되는 경우에는 피진정기관의 장에게 침해행위의 중지 또는 침해우려행위의 중지 등의 조치를 하도록 권고할 수 있다.

④ 제1항에 따른 진정의 접수, 제2항에 따른 의견 또는 자료의 요청 및 제3항에 따른 진정의 처리에 관한 세부사항은 실무위원회의 의결을 거쳐 실무위원회의 위원장이 정한다.

제4장 지능정보기술의 고도화 및 지능정보서비스의 이용촉진

제14조(지능정보기술을 개발하는 전문적 연구기관 등의 지정) ① 법 제20조제2항제5호에서 “대통령령으로 정하는 기준에 따른 기업부설연구소”란 별표 1의 기준에 따른 기업부설연구소를 말한다.

② 법 제20조제2항에 따른 연구기관등(이하 “연구기관등”이라 한다)은 같은 조 제4항에 따라 정부가 지능정보기술의 개발(이하 이 조 및 제15조에서 “기술개발”이라 한다)을 하게 할 수 있는 전문적 연구기관등(이하 “지정연구기관등”이라 한다)으로 지정받으려는 경우에는 지정신청서에 다음 각 호의 서류를 첨부하여 과학기술정보통신부장관에게 제출해야 한다.

1. 최근 3년간 기술개발 실적

2. 기술개발을 위한 인력·시설·장비 및 정보 등 기술개발 기반 확보 현황

3. 지능정보기술 관련 산업계·학계·연구계간 협조체계 운영 여부

③ 법 제20조제2항 및 제4항에 따른 지정연구기관등의 지정기준은 다음 각 호와 같다.

1. 주된 설립 목적에 기술개발을 포함하고 있거나 3년 이상 기술개발 경력을 보유하고 있을 것

2. 기술개발에 필요한 전문인력을 5명 이상 보유하고 있을 것(법 제20조제2항제5호에 따른 기업부설연구소는 제외한다)

3. 기술개발에 적합한 연구시설을 갖출 것

④ 과학기술정보통신부장관은 법 제20조제2항에 따라 지정연구기관등으로 하여금 기술개발을 하게 한 경우에는 그 사실을 공고해야

한다.

⑤ 지정연구기관등의 지정기간은 3년 이내로 한다.

⑥ 과학기술정보통신부장관은 지정연구기관등에 대하여 다음 각 호의 사항에 필요한 비용을 지원할 수 있다.

1. 기술개발 관련 교육·훈련

2. 기술개발 관련 데이터의 생산·수집·활용

3. 기술개발 관련 국내외 연구기관 또는 단체와의 교류·협력

4. 그 밖에 지능정보기술의 지속적 개발을 위하여 비용을 지원할 필요가 있다고 과학기술정보통신부장관이 인정하는 사항

제15조(지정연구기관등의 지정취소) ① 과학기술정보통신부장관은 지정연구기관등이 다음 각 호의 어느 하나에 해당하는 경우에는 그 지정을 취소할 수 있다. 다만, 제1호 또는 제2호에 해당하는 경우에는 그 지정을 취소해야 한다.

1. 거짓 또는 그 밖의 부정한 방법으로 지정을 받은 경우

2. 지정연구기관등이 폐업하거나 폐쇄된 경우

3. 지정연구기관등의 기술개발 활동이 없다고 과학기술정보통신부장관이 인정한 경우

4. 「연구실 안전환경 조성에 관한 법률」 제25조 등 다른 법률에 따라 연구개발활동이 제한된 경우

② 과학기술정보통신부장관은 제1항에 따라 지정연구기관등의 지정을 취소하려는 경우에는 청문을 실시해야 한다. 다만, 같은 항 제2호에 해당하는 경우에는 청문을 실시하지 않을 수 있다.

③ 과학기술정보통신부장관은 제1항에 따라 지정연구기관등의 지

정을 취소한 경우에는 그 사실을 공고해야 한다.

제16조(기술기준 등) ① 과학기술정보통신부장관은 법 제21조제1항에 따라 기술기준을 정한 경우에는 지체 없이 해당 기준을 관보 및 인터넷 홈페이지에 공고해야 한다.

② 법 제21조제2항에서 "대통령령으로 정하는 국민의 생명 또는 신체안전 등에 밀접한 지능정보기술"이란 지능정보기술을 이용하는 사람의 생명·신체를 보호하는데 현저한 지장을 줄 우려가 있는 지능정보기술로서 다음 각 호의 어느 하나에 해당하는 지능정보기술을 말한다.

1. 군사적 목적으로 개발·관리·활용하려는 지능정보기술

2. 「의료법」 제24조의2제1항에 따른 수술등의 의료행위에 직접 이용되어 사람의 신체에 영향을 미칠 수 있는 지능정보기술

3. 지능정보기술이 오작동(誤作動)될 경우 사람에게 중대한 위해(危害)를 끼칠 우려가 있는 지능정보기술

제17조(지능정보기술 표준화 사업의 추진) 법 제22조제1항제3호에 따른 사업의 세부 내역은 다음과 같다.

1. 지능정보기술 국가표준을 위한 표준 수요조사 및 표준 전략 수립

2. 지능정보기술 표준에 대한 법 제46조제3항에 따른 정보통신 또는 지능정보기술 관련 기기 및 소프트웨어 또는 지능정보서비스의 적합성 확인·적용 또는 활용의 지원

3. 지능정보기술 표준에 관한 홍보

4. 지능정보기술 표준화를 위한 전문인력의 양성 및 국내외 전문

인력과의 교류·협력

5. 지능정보기술 관련 국제표준의 동향 조사·분석 및 대응체계의 구축

6. 국제표준과 연계한 표준화 기반 구축

제18조(전문인력의 양성) ① 과학기술정보통신부장관은 법 제23조제1항에 따른 시책을 추진하기 위하여 다음 각 호의 사항이 포함된 전문인력 양성 및 지원에 관한 계획을 수립할 수 있다.

1. 전문인력 교육훈련의 중장기 계획

2. 전문인력 양성을 위한 재원 조달 방안

3. 전문인력의 국제 교류 지원 방안

4. 법 제23조제2항에 따른 전문인력 양성기관(이하 “전문인력 양성기관”이라 한다)의 지정 현황 및 육성 방안

5. 전문인력의 전문성 강화를 위한 국내외 연수 지원 방안

6. 전문인력 양성기관의 전문성 강화를 위한 지원 방안

7. 그 밖에 전문인력 양성을 위하여 계획에 포함시킬 필요가 있다고 과학기술정보통신부장관이 인정하는 사항

② 법 제23조제2항에 따른 전문인력 양성기관의 지정 요건은 다음 각 호와 같다.

1. 지능정보기술 및 지능정보서비스의 발전에 필요한 전문인력을 양성하기 위한 교육과정 및 교육내용이 마련되어 있을 것

2. 교육과정 운영에 필요한 교육시설 및 장비가 확보되어 있을 것

3. 교육과정 운영에 필요한 전문 교수요원 확보 방안이 마련되어

있을 것

4. 교육과정 운영경비의 조달 방안이 마련되어 있을 것

③ 전문인력 양성기관으로 지정받으려는 자는 지정신청서에 제2항 각 호의 요건을 갖추었음을 증명할 수 있는 서류를 첨부하여 과학기술정보통신부장관에게 제출해야 한다.

④ 과학기술정보통신부장관은 제3항에 따른 지정 신청을 한 자가 제2항 각 호의 요건을 갖춘 경우에는 전문인력 양성기관 지정서를 신청인에게 발급하고 그 사실을 관보 및 인터넷 홈페이지에 공고해야 한다.

⑤ 과학기술정보통신부장관은 법 제23조제3항에 따라 전문인력 양성기관의 지정을 취소하려는 경우에는 청문을 실시해야 한다.

⑥ 과학기술정보통신부장관은 법 제23조제3항에 따라 전문인력 양성기관의 지정을 취소한 경우에는 지체 없이 그 사실을 해당 기관에 통보하고 관보 및 인터넷 홈페이지에 공고해야 한다.

제19조(지능정보기술 관련 지식재산권 등의 관리·유통) ① 과학기술정보통신부장관은 법 제27조에 따른 시책의 수립과 추진을 위하여 지능정보기술 관련 지식재산권·표준 등의 생산·관리·유통 및 활용에 관한 종합정보시스템을 구축·운영할 수 있다.

② 과학기술정보통신부장관은 제1항에 따른 종합정보시스템의 구축·운영을 위하여 국가기관등에 대하여 「행정절차법」 제8조제1항에 따른 행정응원을 요청할 수 있다.

제20조(선도산업 거점지구의 지정 등) ① 과학기술정보통신부장관은 직접 또는 특별시장·광역시장·특별자치시장·도지사·특별자치도

지사(이하 "시 · 도지사"라 한다)의 요청에 따라 법 제33조제1항에 따른 선도사업 거점지구(이하 "거점지구"라 한다)를 지정할 수 있다.

② 시 · 도지사는 제1항에 따라 거점지구의 지정을 요청하려는 경우에는 다음 각 호의 사항이 포함된 거점지구 조성 및 운영에 관한 실시계획을 작성하여 과학기술정보통신부장관에게 제출해야 한다. 다만, 거점지구의 지정을 요청하려는 대상 지역이 둘 이상의 특별시 · 광역시 · 특별자치시 · 도 · 특별자치도에 걸쳐 있는 경우에는 관할 시 · 도지사가 공동으로 거점지구 조성 및 운영에 관한 실시계획을 작성하여 제출해야 한다.

1. 거점지구 지정을 요청하는 대상 지역

2. 거점지구에서 추진하려는 법 제32조제1항에 따른 선도사업(이하 "선도사업"이라 한다)의 내용

3. 거점지구 지정을 요청하는 사유 및 기대효과

4. 시 · 도지사가 선도사업에 지원할 수 있는 예산 · 인력 등의 세부 사항

5. 그 밖에 거점지구 지정 결정에 필요하다고 과학기술정보통신부장관이 정하여 고시하는 사항

③ 과학기술정보통신부장관은 제1항에 따라 거점지구를 지정하는 경우에는 다음 각 호의 사항을 고려해야 한다.

1. 법 제33조제2항에 따른 거점지구 조성계획

2. 선도사업과 해당 지역의 특성 · 여건 간의 적합성

3. 거점지구로 지정하려는 지역의 경제 · 산업 등의 현황

4. 그 밖에 선도사업의 추진과 확산을 위하여 고려할 필요가 있

다고 과학기술정보통신부장관이 인정하는 사항

④ 과학기술정보통신부장관은 거점지구의 지정에 필요한 경우에는 관할 시·도지사에게 관련 자료의 제출을 요청할 수 있다.

제5장 지능정보화의 기반 구축

제21조(비영리기관의 범위) 법 제35조제1항에서 "대통령령으로 정하는 비영리기관"이란 다음 각 호의 기관을 말한다.

1. 「도서관법」에 따른 도서관
2. 「박물관 및 미술관 진흥법」에 따른 박물관 및 미술관
3. 「의료법」 제33조제2항제2호부터 제4호까지의 규정 중 어느 하나에 해당하는 자가 개설한 의료기관
4. 「초·중등교육법」, 「고등교육법」 또는 그 밖의 다른 법률에 따라 설치된 각급 학교
5. 비영리법인인 연구기관
6. 그 밖에 초연결지능정보통신기반 구축 및 이용 활성화를 위하여 법 제35조제1항에 따른 국가지능망(이하 "국가지능망"이라 한다)을 이용할 필요가 있다고 과학기술정보통신부장관이 인정하는 비영리기관

제22조(국가지능망의 구축·관리) ① 법 제35조제1항에 따라 법 제39조에 따른 전담기관(이하 "전담기관"이라 한다)이 국가지능망을 구축·관리하는 경우 수행해야 하는 업무는 다음 각 호와 같다.

1. 국가지능망 구축·관리에 관한 세부 사업계획 수립
2. 정부출연 재원의 집행계획 수립과 집행 및 관리

3. 국가지능망의 구축·관리 및 유지·보수

4. 국가지능망의 수요조사 및 이용계획 수립

5. 국가지능망의 보안성 확보

6. 그 밖에 국가지능망의 구축·관리를 위하여 전담기관이 수행할 필요가 있다고 과학기술정보통신부장관이 인정하는 업무

② 전담기관의 장은 국가지능망을 구축·관리하는 경우 국가지능망의 이용기관 및 이용조건 등을 정하여 과학기술정보통신부장관의 승인을 받아야 한다.

제23조(관로 등의 건설·대여 요청 등) ① 법 제37조제2항에 따른 기관통신사업자등(이하 "기간통신사업자등"이라 한다)은 같은 항에 따른 관로등(이하 "관로등"이라 한다)의 건설 또는 대여를 요청하려면 미리 다른 기간통신사업자등과 관로등에 대한 수요를 협의해야 한다.

② 도로, 철도, 지하철도, 상·하수도, 전기설비 또는 전기통신설비 등을 건설·운용·관리하는 기관(이하 "시설관리기관"이라 한다)의 장은 관로등의 건설 또는 대여를 요청받은 경우에는 특별한 사유가 없으면 그 요청을 받은 날부터 3개월 이내에 해당 시설관리기관의 고유목적사업에 지장이 없는 범위에서 기간통신사업자등과 건설 또는 대여와 관련된 협약을 체결하도록 노력해야 한다.

제24조(관로등의 건설 또는 대여에 관한 조정) ① 시설관리기관과의 협약이 제23조제2항에 따른 기간에 체결되지 않거나 그 협약이 체결될 수 없는 경우 기간통신사업자등은 법 제37조제3항에 따라 과학기술정보통신부장관에게 조정을 요청할 수 있다.

② 제1항에 따른 조정을 요청하려는 기간통신사업자등은 관로등의 건설 또는 대여 협약 조정요청서에 협의 경과 및 추진 상황에 관한 서류를 첨부하여 과학기술정보통신부장관에게 제출해야 한다.

③ 과학기술정보통신부장관은 법 제37조제4항에 따라 조정을 결정하기 전에 당사자의 의견을 들어야 하며, 그 조정의 결정에 필요한 경우 사실조사를 할 수 있다.

제25조(전담기관의 지정ㆍ운영) ① 과학기술정보통신부장관이 법 제39조제1항에 따라 전담기관을 지정할 수 있는 업무 분야는 다음 각 호와 같다.

1. 국가지능망의 구축ㆍ관리사업

2. 법 제36조에 따른 초연결지능연구개발망의 구축ㆍ관리ㆍ운영사업

3. 미래인터넷 등 초연결지능정보통신망과 관련된 신기술 검증을 위한 선도사업

4. 초연결지능정보통신망과 관련된 응용기술 및 서비스의 개발사업

5. 초연결지능정보통신망 품질관리 및 구내 통신망 고도화를 위한 시범지역사업

6. 초연결지능정보통신망의 구축을 위한 핵심기술 개발사업

7. 초연결지능정보통신기반의 원활한 구축과 이용촉진을 위한 다음 각 목의 사업 분야

가. 공동지원시설의 설치사업

나. 대국민 홍보사업

다. 법 · 제도 연구사업

라. 국제협력사업

마. 경쟁력 기반 기술개발사업

바. 시범사업

8. 그 밖에 초연결지능정보통신기반의 원활한 구축과 이용 촉진을 위하여 전담기관을 지정할 필요가 있다고 과학기술정보통신부장관이 인정하는 사업 분야

② 전담기관의 장은 지정받은 업무에 관한 세부 사업계획 및 자금집행계획을 수립하여 과학기술정보통신부장관에게 제출해야 한다.

제26조(데이터센터의 구축 및 운영 활성화 시책) ① 과학기술정보통신부장관은 법 제40조제2항에 따라 민간 데이터센터(같은 조 제1항에 따른 데이터센터를 말한다. 이하 같다)의 구축 및 운영 활성화 시책을 수립하는 경우 다음 각 호의 사항을 포함시켜야 한다.

1. 정책방향 및 목표

2. 기반 조성 및 제도 개선에 관한 사항

3. 민간 데이터센터의 안정성, 신뢰성 및 에너지 효율성의 향상을 위한 기술개발 및 표준화에 관한 사항

4. 민간 데이터센터 관련 전문인력 양성에 관한 사항

5. 민간 데이터센터 관련 해외시장 진출 지원에 관한 사항

6. 민간 데이터센터의 정보자원의 통합 및 운영에 관한 사항

7. 그 밖에 민간 데이터센터의 구축 및 운영 활성화 시책에 포함시킬 필요가 있다고 과학기술정보통신부장관이 인정하는 사항

② 행정안전부장관은 법 제40조제3항에 따라 정부 및 공공 부문

의 데이터센터의 구축 및 운영 활성화 시책을 수립하는 경우에는 정부 및 공공 데이터센터 구축 및 운영 활성화를 위한 다음 각 호의 사항을 포함시켜야 한다.

1. 정책방향 및 목표

2. 정부 및 공공 부문 데이터센터의 안정성, 신뢰성 및 에너지 효율성의 향상에 관한 사항

3. 정부 및 공공 부문 데이터센터의 전문인력의 양성에 관한 사항

4. 정부 및 공공 부문 데이터센터 관련 해외시장 진출 지원에 관한 사항

5. 정부 및 공공 부문 데이터센터의 정보자원의 통합 및 운영에 관한 사항

6. 그 밖에 정부 및 공공 부문 데이터센터의 구축 및 운영 활성화 시책에 포함시킬 필요가 있다고 행정안전부장관이 인정하는 사항

제27조(민간 데이터센터에 대한 지원) ① 과학기술정보통신부장관은 민간 데이터센터가 다음 각 호의 요건을 모두 갖춘 경우에는 그 구축·운영에 법 제40조제2항에 따라 필요한 지원을 할 수 있다.

1. 전산실·전력시설 등 데이터센터의 정보 처리·가공 및 전력공급에 필수적인 시설로서 과학기술정보통신부령으로 정하는 시설을 갖출 것

2. 과학기술정보통신부령으로 정하는 규모 이상일 것

② 법 제40조제2항에 따른 민간 데이터센터 지원의 방법은 다음 각 호와 같다.

1. 민간 데이터센터 구축 등에 필요한 비용 지원

2. 민간 데이터센터 관련 정보기술 및 장비 개발 등의 기술 지원

3. 민간 데이터센터의 안전성, 신뢰성 및 에너지 효율성 향상을 위한 기술 지원

제28조(공공기관의 지능정보서비스 안정성 등의 향상을 위한 지원) 법 제40조제3항에 따른 지원의 방법은 다음 각 호와 같다.

1. 공공기관이 이용할 수 있는 정보자원의 기준 제공

2. 공공기관의 지능정보서비스의 안정성 및 신뢰성 향상을 위한 재정적 지원

3. 그 밖에 공공기관의 지능정보서비스의 안정성 및 신뢰성 향상을 위하여 필요한 행정적·기술적 지원

제29조(데이터의 유통·활용을 위한 민관협의체) ① 과학기술정보통신부장관은 법 제43조제1항에 따른 협력체계로서 국가기관등, 법인, 기관 및 단체와의 민관협의체(이하 "민관협의체"라 한다)를 구성·운영할 수 있다.

② 민관협의체 의장은 제3항 각 호의 어느 하나에 해당하는 사람 중에서 과학기술정보통신부장관이 임명하거나 위촉하는 사람으로 한다.

③ 민관협의체는 다음 각 호의 어느 하나에 해당하는 사람으로 구성한다.

1. 국가기관등의 공무원이나 임직원으로서 해당 국가기관등의 장이 추천하는 사람

2. 민간사업자(사업자가 법인인 경우 그 대표자를 말한다)

3. 민간사업자단체 대표자

④ 민관협의체 의장은 민관협의체를 대표하며, 그 업무를 총괄한다.

⑤ 정부는 민관협의체를 통하여 제시되는 의견이 데이터의 원활한 유통·활용을 위하여 필요한 정책을 추진하는 데 최대한 반영될 수 있도록 노력해야 한다.

⑥ 민관협의체 회의의 소집 등 민관협의체의 운영에 필요한 세부사항은 민관협의체 구성원의 의견을 들어 민관협의체 의장이 정한다.

제30조(데이터의 유통·활용 지원) ① 법 제43조제2항 본문에 따른 지원 사항은 다음 각 호와 같다.

1. 지능정보기술 및 지능정보서비스의 발전에 필요한 데이터의 디지털화 및 상호연계

2. 데이터의 원활한 유통·활용을 위한 다음 각 목의 사항

가. 관리·유통·거래체계 구축

나. 국내외 협력체계의 구축·운영

다. 유통·활용에 사용될 기준 제공

라. 유통·활용에 대한 컨설팅

3. 그 밖에 데이터의 원활한 유통·활용을 위한 행정적·기술적·재정적 지원

② 중앙행정기관의 장과 지방자치단체의 장은 법 제43조제2항 본문에 따른 지원을 하기 위하여 필요한 경우 해당 국가기관등, 법인, 기관 및 단체에 관련 자료의 제공을 요청할 수 있다.

제31조(데이터통합지원센터의 업무 등) ① 법 제43조제3항 본문에

따른 데이터통합지원센터(이하 "데이터통합지원센터"라 한다)는 같은 조 제2항 각 호의 데이터(이하 이 항에서 "해당 데이터"라 한다)의 생산·수집·유통·활용 등을 지원하기 위하여 다음 각 호의 업무를 수행한다.

1. 법 제42조제1항 및 제2항에 따른 해당 데이터 관련 정책의 추진 및 해당 데이터 관련 시책의 수립·시행에 필요한 전문기술의 지원
2. 법 제43조제2항 본문에 따른 지원 수행업무의 지원
3. 민관협의체의 운영 지원
4. 해당 데이터 관련 법·제도 조사·연구 및 개선업무의 지원
5. 해당 데이터의 생산·수집·유통·활용을 위한 시스템, 시설 및 설비의 구축·운영 또는 지원
6. 해당 데이터의 생산·수집·유통·활용에 대한 표준화 및 품질 제고를 위한 연구·개발
7. 해당 데이터의 안전한 생산·수집·유통·활용을 위한 지원
8. 해당 데이터 관련 교육 및 전문인력 육성
9. 해당 데이터에 관한 현황·실태의 조사 및 분석
10. 그 밖에 해당 데이터의 생산·수집·유통·활용 등을 지원하기 위하여 국가기관등이 요청하거나 위탁하는 업무

② 과학기술정보통신부장관은 데이터통합지원센터의 업무 수행 및 운영에 필요한 비용을 지원할 수 있다.

③ 국가기관등의 장은 제1항제10호에 따른 업무를 데이터통합지원센터에 요청하거나 위탁하는 경우에는 예산의 범위에서 그 업무수

행에 드는 비용의 전부 또는 일부를 지원할 수 있다.

제6장 지능정보사회의 기반 조성

제1절 정보문화의 창달·확산 및 사회변화 대응

제32조(정보문화의 창달) 과학기술정보통신부장관은 법 제44조제3항에 따라 정보문화에 관한 교육내용이 같은 항에 따른 교육과정의 기준과 내용에 포함될 수 있도록 교육과정에 관한 의견을 국가교육위원회에 제시할 수 있다. 〈개정 2022. 5. 9.〉

제33조(정보문화의 달 등) ① 정부는 법 제44조제4항에 따라 건전한 정보문화의 창달 및 확산과 지능정보사회에 대한 국민의 이해증진 등을 위하여 매년 6월을 정보문화의 달로 지정하고, 건전한 정보문화 및 지능정보사회에 대한 국민의 이해증진 등을 위한 행사 및 홍보를 할 수 있다.

② 정부는 건전한 정보문화의 창달 및 지능정보사회 구현을 위하여 노력한 개인이나 단체에 대하여 포상 및 표창을 할 수 있다.

③ 제2항에 따른 포상은 「상훈법」 및 「정부 표창 규정」에서 정하는 바에 따르며, 시상 분야 및 수상 인원 등에 관한 사항은 과학기술정보통신부장관이 정한다.

④ 정부는 제2항에 따른 행사 및 홍보에 대하여 행정적·재정적 지원을 할 수 있다.

제34조(장애인·고령자 등의 지능정보서비스 접근 및 이용 보장) ① 법 제46조제1항에서 "웹사이트와 이동통신단말장치(「전파법」에 따라 할당받은 주파수를 사용하는 기간통신역무를 이용하기 위하여 필요

한 단말장치를 말한다. 이하 같다)에 설치되는 응용 소프트웨어 등 대통령령으로 정하는 유·무선 정보통신"이란 다음 각 호의 유·무선 정보통신을 말한다. 〈개정 2021. 6. 10.〉

1. 웹사이트

2. 이동통신단말장치에 설치되는 응용 소프트웨어

3. 이용자의 조작에 따라 서류 발급, 정보 제공, 상품 주문·결제 등의 사항을 처리하기 위하여 설치하는 무인정보단말기

4. 「출판문화산업 진흥법」 제2조제4호에 따른 전자출판물

② 과학기술정보통신부장관은 제1항 각 호의 유·무선 정보통신에 대한 장애인·고령자 등의 접근성을 보장하기 위하여 다음 각 호의 업무를 수행해야 한다.

1. 접근성 실태조사

2. 접근성 표준화 및 기술개발 지원

3. 접근성 보장을 위한 교육 및 컨설팅

4. 그 밖에 접근성을 보장하기 위하여 필요한 업무

제34조의2(우선구매대상지능정보제품 여부의 검증 및 검증기준) ① 과학기술정보통신부장관은 법 제46조제3항에 따른 지능정보제품(이하 "지능정보제품"이라 한다)이 같은 조 제4항에 따른 우선 구매 대상 지능정보제품(이하 "우선구매대상지능정보제품"이라 한다)에 해당하는지 여부를 검증할 수 있다.

② 제1항에 따른 우선구매대상지능정보제품의 검증기준은 다음 각 호의 사항을 고려하여 과학기술정보통신부장관이 정하여 고시한다.

1. 손 또는 팔 동작을 보완하는 기능

2. 반응시간을 보완하는 기능

3. 시력을 보완하거나 대체하는 기능

4. 색상 식별 능력을 보완하는 기능

5. 청력을 보완하거나 대체하는 기능

6. 음성입력을 대체하는 기능

7. 인지능력을 보완하는 기능

8. 검증 대상 지능정보제품이 동작될 때 깜빡거림의 사용을 제한하는 기능

9. 그 밖에 장애인·고령자 등의 정보 접근과 이용 편의를 위한 기능으로서 과학기술정보통신부장관이 검증기준에 포함할 필요가 있다고 인정하는 기능

③ 우선구매대상지능정보제품의 종류와 관련된 세부 사항은 과학기술정보통신부장관이 정하여 고시한다.

[본조신설 2021. 6. 10.]

제34조의3(우선구매대상지능정보제품의 검증절차) ① 제34조의2제1항에 따른 우선구매대상지능정보제품의 검증을 신청하려는 자는 과학기술정보통신부령으로 정하는 바에 따라 검증 신청서에 제품설명서 등 필요한 서류를 첨부하여 검증 대상 지능정보제품과 함께 과학기술정보통신부장관에게 제출해야 한다.

② 과학기술정보통신부장관은 제1항에 따른 신청을 받은 검증 대상 지능정보제품이 제34조의2제2항에 따른 검증기준을 충족하는 경우 과학기술정보통신부령으로 정하는 우선구매대상지능정보제품 검

증서를 발급해야 한다.

③ 우선구매대상지능정보제품 검증의 유효기간은 검증서를 발급한 날부터 3년으로 한다.

④ 제3항에 따른 유효기간은 한 차례당 2년의 범위에서 총 두 차례까지 연장할 수 있다.

⑤ 제1항 및 제2항에 따른 검증 절차와 제4항에 따른 유효기간의 연장에 관한 세부 사항은 과학기술정보통신부장관이 정하여 고시한다.

[본조신설 2021. 6. 10.]

제34조의4(우선구매지능정보제품의 우선 구매 촉진) ① 과학기술정보통신부장관은 법 제46조제4항에 따라 국가기관등에 우선구매대상지능정보제품의 우선 구매를 요청할 수 있다.

② 조달청장은 법 제46조제4항에 따라 우선구매대상지능정보제품의 구매를 촉진하기 위한 조달기준을 마련할 수 있다.

③ 과학기술정보통신부장관은 우선구매대상지능정보제품의 구매 촉진에 공적이 있는 자를 포상할 수 있다.

[본조신설 2021. 6. 10.]

제35조(정보통신접근성 품질인증 대상) 법 제47조제1항에서 "대통령령으로 정하는 유·무선 정보통신"이란 제34조제1항제1호 및 제2호의 유·무선 정보통신을 말한다.

제36조(정보통신접근성 품질인증 기준) ① 법 제47조제1항에 따른 정보통신접근성 품질인증(이하 "정보통신접근성 품질인증"이라 한다)의 기준은 정보통신접근성 품질인증 대상인 유·무선 정보통신에 관

련된 다음 각 호의 기준을 말한다.

1. 모든 콘텐츠가 시각·청각 등의 장애유형 또는 나이에 관계없이 사용자가 인식할 수 있을 것

2. 모든 콘텐츠가 시각·청각 등의 장애유형 또는 나이에 관계없이 사용자가 운용할 수 있는 방법으로 제시되어 있을 것

3. 사용자가 쉽게 이해할 수 있도록 콘텐츠 제어방식을 구성할 것

4. 다양한 방법의 기술로 콘텐츠에 접근할 수 있도록 견고하게 만들 것

② 제1항에 따른 정보통신접근성 품질인증의 세부기준은 과학기술정보통신부령으로 정한다.

제37조(정보통신접근성 품질인증을 위한 인증기관의 지정기준 등) ① 법 제47조제2항에 따라 정보통신접근성 품질인증을 위하여 지정하는 인증기관(이하 "인증기관"이라 한다)의 지정기준은 다음 각 호와 같다.

1. 인증 업무에 필요한 조직과 인력을 보유할 것

2. 인증 업무에 필요한 설비와 그 설비 작동에 필요한 환경조건을 갖출 것

3. 제1호 및 제2호에 따른 조직·인력·설비 등의 관리·운영 절차와 방법 및 인증심사의 절차와 방법을 정한 내부 규정을 갖출 것

② 과학기술정보통신부장관은 법 제47조제2항에 따라 인증기관을 지정한 경우 그 사실을 공고해야 한다.

③ 제1항 및 제2항에 따른 지정기준 및 지정절차에 관한 세부 사항은 과학기술정보통신부령으로 정한다.

제38조(인증기관의 지정취소 등) ① 법 제47조제4항에 따른 인증기관의 지정취소 및 업무정지에 관한 기준은 별표 2와 같다.

② 과학기술정보통신부장관은 법 제47조제4항에 따라 인증기관의 지정을 취소하거나 업무정지를 명하려면 청문을 실시해야 한다.

③ 과학기술정보통신부장관은 법 제47조제4항에 따라 인증기관의 지정을 취소하거나 업무정지를 명한 경우에는 그 사실을 공고해야 한다.

④ 제3항에 따른 지정취소 절차에 관한 세부 사항은 과학기술정보통신부령으로 정한다.

제39조(인증기관의 운영) ① 인증기관은 다음 각 호의 어느 하나에 해당하는 사항을 변경한 경우에는 변경한 날부터 30일 이내에 그 내용을 증명하는 서류를 과학기술정보통신부장관에게 제출해야 한다.

1. 인증기관의 기관명
2. 인증기관의 대표자
3. 인증기관의 소재지
4. 제37조제1항제1호에 따른 보유 인력
5. 제37조제1항제3호에 따른 내부 규정

② 인증기관은 전년도 인증실적 보고서를 매년 1월 31일까지 과학기술정보통신부장관에게 제출해야 한다.

③ 과학기술정보통신부장관은 인증기관이 법 제47조제4항 각 호의 어느 하나에 해당하는지를 확인하기 위하여 인증기관에 대해 필요한 자료의 제출을 요구하거나 현장실사를 할 수 있다.

④ 인증기관은 그 사업의 휴업·폐업 등 인증기관으로서 업무를 수행할 수 없게 된 경우에는 지체 없이 과학기술정보통신부장관에게 알려야 한다.

제40조(정보통신접근성 품질인증의 절차 등) ① 인증기관은 법 제48조제1항에 따라 정보통신접근성 품질인증의 신청을 접수한 경우 제36조에 따른 정보통신접근성 품질인증 기준을 적용하여 서면 및 기술 심사를 실시해야 한다.

② 인증기관의 장은 제1항에 따른 심사 결과 제36조에 따른 정보통신접근성 품질인증의 기준에 적합하지 않다고 인정하는 경우에는 정보통신 접근성 품질인증을 신청한 자에게 인증 거부 사실과 그 사유를 알려야 한다.

③ 제1항 및 제2항에 따른 인증의 절차에 관한 세부 사항은 과학기술정보통신부령으로 정한다.

제41조(정보통신접근성 품질인증의 유효기간) 정보통신접근성 품질인증의 유효기간은 1년으로 한다.

제42조(정보통신접근성 품질인증의 수수료) ① 인증기관은 정보통신접근성 품질인증을 신청한 자로부터 정보통신접근성 품질인증의 심사에 따른 수수료를 받을 수 있다.

② 제1항에 따른 수수료의 기준은 다음 각 호의 사항을 고려하여 과학기술정보통신부장관이 정한다.

1. 정보통신접근성 품질인증의 심사에 투입되는 인증심사원의 수
2. 정보통신접근성 품질인증의 심사에 필요한 기간
3. 그 밖에 정보통신접근성 품질인증의 심사에 필요한 실비(實費)

제43조(정보통신접근성 품질인증의 표시 및 홍보) ① 법 제48조제2항에 따른 정보통신접근성 품질인증 내용의 표시는 별표 3에 따라 작성된 도안을 이용해야 한다.

② 법 제48조제2항에 따라 정보통신접근성 품질인증을 받은 사실을 홍보하려는 자는 정보통신접근성 품질인증의 범위와 유효기간을 함께 밝혀야 한다.

제44조(정보격차 해소 관련 사업자 지원) ① 법 제49조제2항에 따라 국가기관 또는 지방자치단체의 지원을 받으려는 사업자는 과학기술정보통신부령으로 정하는 신청서에 다음 각 호의 구분에 따라 해당 내용이 적힌 서류를 첨부하여 국가기관이나 지방자치단체에 제출해야 한다.

1. 장애인 · 고령자 등의 지능정보서비스 접근 및 이용환경 개선을 위하여 지능정보제품을 개발 · 생산하는 사업자: 해당 지능정보제품의 내용 및 신청하는 재정 · 기술 지원의 내용

2. 장애인 · 고령자 · 농어민 또는 저소득자 등을 위한 콘텐츠를 제공하는 사업자: 해당 콘텐츠의 내용 및 신청하는 재정 · 기술 지원의 내용

3. 법 제49조제1항에 따른 장애인 · 고령자 등의 지능정보서비스 접근 및 이용환경 개선을 위한 관련 기술(이하 "정보격차 해소 관련 기술"이라 한다)을 개발 · 보급하는 사업자: 해당 정보격차 해소 관련 기술의 내용 및 신청하는 재정 · 기술 지원의 내용

② 국가기관 또는 지방자치단체는 제1항에 따른 신청을 받아 지원대상자를 선정하려는 경우 다음 각 호의 구분에 따른 사항을 고

려할 수 있다.

1. 제1항제1호의 사업자를 지원대상자로 선정하려는 경우: 지능정보제품의 개발·생산 실적, 개발·생산하려는 지능정보제품의 유용성 및 지능정보제품의 개발·생산계획의 적절성

2. 제1항제2호의 사업자를 지원대상자로 선정하려는 경우: 콘텐츠의 제공 실적, 제공하려는 콘텐츠의 유용성 및 콘텐츠의 제공계획의 적절성

3. 제1항제3호의 사업자를 지원대상자로 선정하려는 경우: 정보격차 해소 관련 기술의 개발 실적, 개발하려는 정보격차 해소 관련 기술의 유용성 및 정보격차 해소 관련 기술의 개발계획의 적절성

③ 제1항에 따른 지원의 신청 방법 및 절차에 관하여 필요한 사항은 과학기술정보통신부령으로 정한다.

제45조(지능정보제품 보급지원) ① 법 제49조제3항제3호에서 “대통령령으로 정하는 사람”이란 다음 각 호의 사람을 말한다.

1. 「아동복지법」 제3조제4호에 따른 보호대상아동

2. 「국가유공자 등 예우 및 지원에 관한 법률」 제6조에 따라 등록된 국가유공자 중 같은 법 제6조의4에 따른 상이등급 판정을 받은 사람

3. 「다문화가족지원법」 제2조제2호에 따른 결혼이민자등

4. 「사회복지사업법」 제2조제3호 및 제4호에 따른 사회복지법인 및 사회복지시설로부터 같은 법 제2조제6호에 따른 사회복지서비스를 제공받고 있는 사람

5. 그 밖에 경제적·지역적·신체적 또는 사회적 제약으로 인하여

정보를 이용하기 어려운 사람으로서 유상 또는 무상으로 지능정보제품을 제공할 필요가 있다고 국가기관이나 지방자치단체가 인정하는 사람

② 국가기관 또는 지방자치단체는 법 제49조제3항에 따라 지능정보제품을 제공하는 경우 다음 각 호의 사항을 고려할 수 있다.

1. 제공되는 지능정보제품의 활용성

2. 지원대상자의 지능정보제품 활용 능력

3. 지원대상자의 경제적, 지역적, 신체적 및 사회적 여건

제46조(정보격차해소교육의 대상과 종류 등) ① 법 제50조제1항에 따른 정보격차해소교육의 대상은 다음 각 호의 어느 하나에 해당하는 사람으로 한다.

1. 「국민기초생활 보장법」 제2조제2호에 따른 수급자

2. 「북한이탈주민의 보호 및 정착지원에 관한 법률」 제2조제1호에 따른 북한이탈주민

3. 「장애인복지법 시행령」 제2조제1항에 해당하는 장애를 가진 장애인

4. 제4항 각 호의 어느 하나에 해당하는 사람

② 법 제50조제1항에 따른 정보격차해소교육의 종류는 다음 각 호와 같다.

1. 지능정보서비스 및 지능정보제품의 이용·활용을 위한 교육

2. 컴퓨터와 인터넷 등을 활용하여 필요한 정보를 검색·가공 및 생산하는 방법에 관한 교육

3. 그 밖에 정보격차의 해소를 위하여 시행할 필요가 있다고 국

가기관이나 지방자치단체가 인정하는 교육

③ 법 제50조제2항제1호에서 "대통령령으로 정하는 사람"이란 「장애인복지법 시행령」 별표 1에 해당하는 장애인을 말한다.

④ 법 제50조제2항제4호에서 "대통령령으로 정하는 사람"이란 다음 각 호의 어느 하나에 해당하는 사람을 말한다.

1. 「아동복지법」 제3조제4호에 따른 보호대상아동

2. 「고용상 연령차별금지 및 고령자고용촉진에 관한 법률」 제2조제1호에 따른 고령자

3. 「다문화가족지원법」 제2조제2호의 결혼이민자등

4. 「한부모가족지원법」 제19조제1항에 따른 한부모가족복지시설에서 지원을 받고 있는 같은 법 제5조 및 제5조의2에 따른 지원대상자

5. 「농어업인 삶의 질 향상 및 농어촌지역 개발촉진에 관한 특별법」 제3조제3호에 따른 농어업인등

6. 그 밖에 국가의 부담으로 법 제50조제1항에 따른 정보격차해소교육을 할 필요가 있다고 국가기관이 인정하는 사람

제47조(지능정보서비스 과의존의 예방 및 해소를 위한 기본계획의 수립) ① 법 제51조제1항에 따른 지능정보서비스 과의존의 예방 및 해소를 위한 기본계획(이하 "기본계획"이라 한다)에는 다음 각 호의 사항이 포함되어야 한다.

1. 기본계획의 목표와 기본방향

2. 지능정보서비스 과의존의 실태와 정책성과 분석

3. 신기술을 활용한 지능정보서비스의 이용으로 인한 지능정보서

비스 과의존 대응 방안

4. 지능정보서비스 과의존의 예방 및 해소에 관한 다음 각 목의 사항

가. 지능정보서비스 과의존에 대한 전망

나. 추진전략

다. 연구와 개발

라. 교육ㆍ상담 및 홍보

마. 전문인력의 양성

바. 국제협력

5. 그 밖에 지능정보서비스 과의존의 예방 및 해소를 위하여 기본계획에 포함될 필요가 있다고 과학기술정보통신부장관이 인정하는 사항

② 과학기술정보통신부장관은 기본계획을 수립한 경우 이를 과학기술정보통신부의 인터넷 홈페이지에 공고해야 한다.

제48조(지능정보서비스 과의존 예방 및 해소를 위한 추진계획의 수립) ① 과학기술정보통신부장관은 법 제51조제2항에 따른 지능정보서비스 과의존의 예방 및 해소를 위한 추진계획(이하 "추진계획"이라 한다)의 수립지침을 작성하여 매년 12월 15일까지 관계 중앙행정기관의 장에게 통보해야 한다.

② 과학기술정보통신부장관과 관계 중앙행정기관의 장은 제1항의 수립지침에 따라 추진계획을 수립해야 한다.

③ 관계 중앙행정기관의 장은 제2항에 따라 수립된 추진계획과 전년도 추진계획에 따른 실적을 매년 1월 31일까지 과학기술정보통

신부장관에게 제출해야 한다.

제49조(지능정보서비스 과의존 대응센터의 설치 등) ① 법 제52조제1항에 따른 지능정보서비스 과의존 대응센터(이하 "대응센터"라 한다)의 설치 및 운영 기준은 별표 4와 같다.

② 국가기관 및 지방자치단체는 제1항에 따른 기준에 적합하게 대응센터를 설치 · 운영해야 하며, 관련 예산을 확보하여 대응센터의 교육 · 관리를 원활하게 수행할 수 있도록 노력해야 한다.

제50조(지능정보서비스 과의존 관련 교육의 실시) ① 법 제54조제2항제5호에서 "대통령령으로 정하는 공공기관"이란 「공공기관의 운영에 관한 법률」 제4조에 따른 공공기관을 말한다.

② 법 제54조제2항 각 호의 어느 하나에 해당하는 기관의 장은 전년도에 실시한 같은 조 제1항에 따른 지능정보서비스 과의존의 예방 및 해소를 위한 교육(이하 "지능정보서비스 과의존 관련 교육"이라 한다)의 결과를 같은 조 제2항에 따라 매년 4월 30일까지 과학기술정보통신부장관에게 제출하거나 「교육관련기관의 정보공개에 관한 특례법」 제5조 또는 제5조의2에 따라 공시하는 방법으로 제출해야 한다.

③ 지능정보서비스 과의존 관련 교육은 강의 및 시청각 교육 등 다양한 방법으로 실시할 수 있다.

④ 지능정보서비스 과의존 관련 교육의 내용에는 다음 각 호의 사항이 포함되어야 한다.

1. 지능정보서비스 과의존 현황 및 사례
2. 지능정보서비스 과의존 예방 및 시간관리 방법

3. 유해 인터넷 환경에 대한 변별방법

4. 그 밖에 지능정보서비스 과의존 예방 및 해소에 필요한 사항

⑤ 과학기술정보통신부장관은 지능정보서비스 과의존 관련 교육을 실시하는 기관 또는 단체에 필요한 교재 및 자료를 지원할 수 있다.

⑥ 과학기술정보통신부장관은 제2항에 따라 제출·공시된 지능정보서비스 과의존 관련 교육의 실시 결과를 전산입력정보 또는 서면을 확인하는 등의 방법으로 점검하되, 필요한 경우 현장점검을 할 수 있다.

⑦ 과학기술정보통신부장관은 제6항에 따른 점검 결과 지능정보서비스 과의존 관련 교육이 부실하다고 인정되는 기관에 대해서는 법 제54조제4항에 따라 점검 후 6개월 이내에 관리자 특별교육을 실시해야 한다.

⑧ 제7항에 따른 교육 부실의 인정기준, 관리자 특별교육의 방법 및 내용 등은 과학기술정보통신부령으로 정한다.

제2절 지능정보기술 및 지능정보서비스 이용의 안전성 및 신뢰성 보장

제51조(정보보호시스템에 관한 기준 고시 등) ① 과학기술정보통신부장관은 법 제58조제1항에 따라 정보보호시스템의 성능과 신뢰도에 관한 기준을 정하여 고시하려는 경우에는 관계 기관의 장과 미리 협의해야 한다.

② 정보보호시스템을 제조하거나 수입하는 자는 그 시스템이 법 제58조제1항에 따른 기준에 합치되는지에 관하여 과학기술정보통신

부장관에게 확인을 요청할 수 있다.

③ 과학기술정보통신부장관은 제2항에 따른 확인을 요청받은 경우에는 그 시스템을 조사 또는 시험·평가하여 그 결과를 요청자에게 통보해야 한다. 이 경우 과학기술정보통신부장관은 「정보통신망 이용촉진 및 정보보호 등에 관한 법률」 제52조에 따른 한국인터넷진흥원의 장 또는 관계 국제협약에서 정한 기준에 맞는 기관의 장에게 그 시스템을 조사 또는 시험·평가하게 할 수 있다.

④ 제2항에 따른 조사 또는 시험·평가를 요청하는 자는 과학기술정보통신부장관이 정하여 고시하는 기준에 따라 한국인터넷진흥원의 장 또는 관계 국제협약에서 정한 기준에 맞는 기관의 장이 정한 수수료를 내야 한다.

제7장 보칙

제52조(국제협력) 법 제65조제3항제7호에서 “대통령령으로 정하는 사항”이란 다음 각 호의 사항을 말한다.

1. 국제협력을 위한 전략수립 및 기술 지원
2. 국제협력을 위한 기구 및 지역별 거점 전문센터 설립·운영
3. 국제협력 전문인력 양성을 위한 교육·훈련
4. 국제기구, 공공기관 및 비정부기구 등 민간이 참여하는 국제협력 거버넌스 구축 및 운영
5. 국제협력 정보 공유를 위한 플랫폼의 구축 및 운영
6. 그 밖에 지능정보사회와 지능정보화에 관한 국제협력을 촉진하기 위하여 추진할 필요가 있다고 과학기술정보통신부장관이 인정하

는 사업

제53조(지표의 개발 · 보급) 과학기술정보통신부장관은 법 제66조에 따라 지능정보사회에 대한 다음 각 호의 지표를 조사 · 개발하여 보급한다.

1. 지능정보화, 지능정보기술 및 지능정보기술서비스 등의 수준을 측정할 수 있는 지표

2. 지능정보사회의 변화 정도를 측정할 수 있는 지표

3. 정보문화 수준을 측정할 수 있는 지표

4. 정보격차, 지능정보서비스 과의존 등 지능정보사회로의 추진으로 인한 역기능의 정도를 측정할 수 있는 지표

5. 그 밖에 지능정보화 및 정보격차의 해소를 위하여 과학기술정보통신부장관이 필요하다고 인정하는 지표

제54조(실태조사) ① 법 제67조제2항제5호에서 "대통령령으로 정하는 사항"이란 다음 각 호의 사항을 말한다.

1. 국가기관등의 지능정보화 추진 실태

2. 국가기관등의 민간 분야 지능정보화 지원 실태

3. 지능정보서비스, 지능정보제품의 활용 및 이용규범에 대한 정보문화 실태

4. 그 밖에 지능정보화에 관한 사항으로서 법 제67조제1항에 따른 보고서에 포함될 필요가 있다고 과학기술정보통신부장관이 인정하는 사항

② 과학기술정보통신부장관은 법 제67조제2항에 따른 실태조사를 위하여 필요한 경우에는 매년 국가기관등을 대상으로 직접 조사를

하거나 필요한 자료의 제출을 요청할 수 있다.

제55조(고유식별정보의 처리) 국가기관 또는 지방자치단체는 법 제49조제3항에 따른 지능정보제품의 지원 사무를 수행하기 위하여 불가피한 경우 「개인정보 보호법 시행령」 제19조제1호 또는 제4호에 따른 주민등록번호 또는 외국인등록번호가 포함된 자료를 처리할 수 있다.

제55조의2(규제의 재검토) 과학기술정보통신부장관은 제50조제7항 및 제8항에 따른 지능정보서비스 과의존 관련 교육의 부실 인정기준에 대하여 2022년 1월 1일을 기준으로 3년마다(매 3년이 되는 해의 기준일과 같은 날 전까지를 말한다) 그 타당성을 검토하여 개선 등의 조치를 해야 한다.

[본조신설 2022. 3. 8.]

제56조(과태료의 부과기준) 법 제70조제1항 및 제2항에 따른 과태료의 부과기준은 별표 5와 같다.

부칙 〈제31220호, 2020. 12. 8.〉

제1조(시행일) 이 영은 2020년 12월 10일부터 시행한다.

제2조(지능정보화계획의 반영에 관한 경과조치) 이 영 시행 전에 정보화사업을 수반하는 사업으로서 「사회기반시설에 대한 민간투자법」에 따른 사회기반시설사업 또는 「지역 개발 및 지원에 관한 법률」에 따른 지역개발사업을 시행하기 위하여 중앙행정기관의 장과 지방자치단체의 장이 해당 사업계획을 수립·시행한 경우에는 제9조제1항의 개정규정에도 불구하고 종전의 「국가정보화 기본법 시행령」 제

13조제1항을 따른다.

제3조(정보통신접근성 품질인증에 관한 경과조치) 이 영 시행 전에 종전의 「국가정보화 기본법」 제32조의2에 따라 웹접근성과 이동통신단말장치에 설치되는 응용 소프트웨어접근성 품질인증을 받은 경우에는 법 제48조 및 이 영 제40조의 개정규정에 따라 정보통신접근성 품질인증을 받은 것으로 본다. 이 경우 인증의 유효기간은 종전의 규정에 따른 유효기간의 남은 기간으로 한다.

제4조(지능정보서비스 과의존 예방 및 해소를 위한 추진계획에 관한 경과조치) 과학기술정보통신부장관 및 관계 중앙행정기관의 장은 이 영 시행 이후 법 제51조제1항 및 이 영 제47조의 개정규정에 따라 지능정보서비스 과의존 예방 및 해소를 위한 기본계획이 수립되기 전까지는 종전의 「국가정보화 기본법」 제30조제1항 및 같은 법 시행령 제30조에 따라 수립된 인터넷중독의 예방 및 해소를 위한 종합계획에 따라 지능정보서비스 과의존 예방 및 해소를 위한 추진계획을 수립해야 한다.

제5조(다른 법령의 개정) ① 공공데이터의 제공 및 이용 활성화에 관한 법률 시행령 일부를 다음과 같이 개정한다.

제2조제1항제4호 중 "「국가정보화 기본법」 제14조에 따른 한국정보화진흥원"을 "「지능정보화 기본법」 제12조에 따른 한국지능정보사회진흥원"으로 한다.

제19조 중 "「국가정보화 기본법」 제3조제10호"를 "「지능정보화 기본법」 제2조제16호"로 한다.

제29조제1항 각 호 외의 부분 중 "「국가정보화 기본법」 제14조에

따른 한국정보화진흥원"을 "「지능정보화 기본법」 제12조에 따른 한국지능정보사회진흥원"으로 한다.

② 공유재산 및 물품 관리법 시행령 일부를 다음과 같이 개정한다.

제79조제3항 중 "「국가정보화 기본법」 제34조 각 호"를 "「지능정보화 기본법」 제49조제3항 각 호"로, "같은 법 제32조제3항에 따른 정보통신제품"을 "같은 법 제46조제3항에 따른 지능정보제품"으로 한다.

③ 과학기술기본법 시행령 일부를 다음과 같이 개정한다.

제40조제2항을 다음과 같이 한다.

② 과학기술정보통신부장관은 「지능정보화 기본법」 제7조에 따른 지능정보사회 실행계획의 과학기술부문계획에 따른 시책을 반영하여 추진해야 한다.

④ 과학기술정보통신부와 그 소속기관 직제 일부를 다음과 같이 개정한다.

제13조제3항제10호를 다음과 같이 하고, 같은 항 제14호를 삭제하며, 같은 항 제18호를 다음과 같이 한다.

10. 「지능정보화 기본법」에 따른 선도사업 추진에 관한 사항

18. 「지능정보화 기본법」에 따른 한국지능정보사회진흥원의 관리 · 운영 지원에 관한 사항

⑤ 국가공간정보 기본법 시행령 일부를 다음과 같이 개정한다.

제14조제1항제5호를 다음과 같이 한다.

5. 「지능정보화 기본법」 제12조에 따른 한국지능정보사회진흥원

⑥ 국가를 당사자로 하는 계약에 관한 법률 시행령 일부를 다음과 같이 개정한다.

제26조제1항제3호자목 중 "「국가정보화 기본법」 제38조"를 "「지능정보화 기본법」 제58조"로 한다.

제43조의2제1항제3호 중 "「국가정보화 기본법」 제3조제2호"를 "「지능정보화 기본법」 제3조제2호"로 한다.

⑦ 국가재정법 시행령 일부를 다음과 같이 개정한다.

제21조제1항제1호나목 중 "「국가정보화 기본법」 제15조제1항"을 "「지능정보화 기본법」 제14조제1항"으로 한다.

⑧ 대·중소기업 상생협력 촉진에 관한 법률 시행령 일부를 다음과 같이 개정한다.

별표 1 제5호를 다음과 같이 한다.

5. 「지능정보화 기본법」에 따른 한국지능정보사회진흥원

⑨ 법인세법 시행령 일부를 다음과 같이 개정한다.

제65조제1항제1호를 다음과 같이 한다.

1. 「지능정보화 기본법」에 따른 초연결지능정보통신기반구축사업

⑩ 스마트도시 조성 및 산업진흥 등에 관한 법률 시행령 일부를 다음과 같이 개정한다.

제8조제1항제1호 중 "「국가정보화 기본법」 제6조에 따라 수립된 국가정보화 기본계획"을 "「지능정보화 기본법」 제6조에 따라 수립된 지능정보사회 종합계획"으로 한다.

별표 3 제5호의 위탁 대상기관·단체의 범위란 중 "「국가정보화 기본법」 제14조에 따른 한국정보화진흥원"을 "「지능정보화 기본법」

제12조에 따른 한국지능정보사회진흥원”으로 한다.

⑪ 위치정보의 보호 및 이용 등에 관한 법률 시행령 일부를 다음과 같이 개정한다.

제31조제1호를 다음과 같이 한다.

1. 「지능정보화 기본법」 제12조에 따른 한국지능정보사회진흥원

⑫ 인터넷주소자원에 관한 법률 시행령 일부를 다음과 같이 개정한다.

제10조제1호를 다음과 같이 한다.

1. 「지능정보화 기본법」 제12조에 따른 한국지능정보사회진흥원

⑬ 장애인차별금지 및 권리구제 등에 관한 법률 시행령 일부를 다음과 같이 개정한다.

제2조제3호를 다음과 같이 한다.

3. 「지능정보화 기본법」 제46조제6항에 따라 과학기술정보통신부장관이 정하여 고시한 지능정보제품

⑭ 전기통신사업법 시행령 일부를 다음과 같이 개정한다.

별표 3 제1호가목4) 중 “「국가정보화 기본법」 제3조제1호”를 “「지능정보화 기본법」 제2조제1호”로 하고, 같은 목 5) 중 “「국가정보화 기본법」 제3조제1호”를 “「지능정보화 기본법」 제2조제1호”로 한다.

⑮ 전자정부법 시행령 일부를 다음과 같이 개정한다.

제89조제2항 각 호 외의 부분 중 “「국가정보화 기본법」 제14조에

따른 한국정보화진흥원장"을 "「지능정보화 기본법」 제12조에 따른 한국지능정보사회진흥원장"으로 한다.

⑯ 정보통신 진흥 및 융합 활성화 등에 관한 특별법 시행령 일부를 다음과 같이 개정한다.

제25조제4항제13호를 다음과 같이 한다.

13. 「지능정보화 기본법」 제12조에 따른 한국지능정보사회진흥원

⑰ 정부업무평가 기본법 시행령 일부를 다음과 같이 개정한다.

제4조제5호 중 "「국가정보화 기본법」 제6조제6항 및 제7조제4항에 따른 기본계획 및 시행계획"을 "「지능정보화 기본법」 제6조제6항 및 제7조제4항에 따른 종합계획 및 실행계획"으로 하고, 같은 조 제6호를 삭제한다.

⑱ 조세특례제한법 시행령 일부를 다음과 같이 개정한다.

제4조제4항 중 "「국가정보화 기본법」 제3조제6호"를 "「지능정보화 기본법」 제2조제15호"로 한다.

⑲ 지방자치단체를 당사자로 하는 계약에 관한 법률 시행령 일부를 다음과 같이 개정한다.

제44조제1항제3호 중 "「국가정보화 기본법」 제3조제2호"를 "「지능정보화 기본법」 제3조제2호"로 한다.

⑳ 클라우드컴퓨팅 발전 및 이용자 보호에 관한 법률 시행령 일부를 다음과 같이 개정한다.

제9조제1항 중 "「국가정보화 기본법」에 따라 수립되는 국가정보화 기본계획 및 시행계획"을 "「지능정보화 기본법」에 따라 수립되는

지능정보사회 종합계획 및 실행계획"으로 한다.

제15조제2항제1호를 다음과 같이 한다.

1. 「지능정보화 기본법」 제12조에 따른 한국지능정보사회진흥원(이하 "지능정보사회원"이라 한다)

제20조제4항 전단 중 "한국정보화진흥원"을 "지능정보사회원"으로 한다.

㉑ 행정안전부와 그 소속기관 직제 일부를 다음과 같이 개정한다.

제13조제3항제6호 중 "「국가정보화 기본법」에 따른 한국정보화진흥원"을 "「지능정보화 기본법」에 따른 한국지능정보사회진흥원"으로 하고, 같은 항 제17호 중 "「국가정보화 기본법」 제38조제1항"을 "「지능정보화 기본법」 제58조제1항"으로 한다.

제6조(다른 법령과의 관계) 이 영 시행 당시 다른 법령에서 종전의 「국가정보화 기본법 시행령」의 규정을 인용하고 있는 경우 이 영 중 그에 해당하는 규정이 있을 때에는 종전의 규정을 갈음하여 이 영의 해당 규정을 인용한 것으로 본다.

부칙 〈제31763호, 2021. 6. 10.〉

이 영은 2021년 6월 10일부터 시행한다.

부칙 〈제32528호, 2022. 3. 8.〉 (규제 재검토기한 설정 해제 등을 위한 91개 법령의 일부개정에 관한 대통령령)

이 영은 공포한 날부터 시행한다.

부칙 〈제32627호, 2022. 5. 9.〉 (국가교육위원회 설치 및 운영에 관한 법률 시행령)

제1조(시행일) 이 영은 2022년 7월 21일부터 시행한다.

제2조 생략

제3조(다른 법령의 개정) ①부터 ⑥까지 생략

⑦ 지능정보화 기본법 시행령 일부를 다음과 같이 개정한다.

제32조 중 "교육부장관에게"를 "국가교육위원회에"로 한다.

⑧부터 ⑩까지 생략

별표 / 서식

[별표 1] 연구기관등에 해당하는 기업부설연구소의 기준(제14조제1항 관련)

[별표 2] 인증기관의 지정취소 및 업무정지에 관한 기준(제38조제1항 관련)

[별표 3] 정보통신접근성 품질인증 내용의 표시에 포함되는 도안(제43조제1항 관련)

[별표 4] 대응센터의 설치 및 운영기준(제49조제1항 관련)

[별표 5] 과태료의 부과기준(제56조 관련)

**개정 예정 법률 밑줄 별도 표시.

지능정보화 기본법 시행규칙

[시행 2022. 12. 19.] [과학기술정보통신부령 제98호, 2022. 12. 19., 타법개정]

제1조(목적) 이 규칙은 「지능정보화 기본법」 및 같은 법 시행령에서 위임된 사항과 그 시행에 필요한 사항을 규정함을 목적으로 한다.

제2조(지능정보사회 실행계획의 변경) 「지능정보화 기본법 시행령」(이하 "영"이라 한다) 제3조제5항제2호에서 "과학기술정보통신부령으로 정하는 금액"이란 1억원을 말한다.

제3조(민간 데이터센터의 시설 및 규모) ① 영 제27조제1항제1호에서 "과학기술정보통신부령으로 정하는 시설"이란 다음 각 호의 시설을 말한다.

1. 다음 각 목의 기준을 충족하는 전산실
   가. 서버와 스토리지 등의 정보통신장비를 갖출 것
   나. 소방설비와 폐쇄회로텔레비전(CCTV) 등 안전시설을 설치할 것
   다. 외부와 공간이 분리되어 외부인의 접근 통제가 가능할 것
2. 순간적인 정전, 전압 변동 등의 상황에도 안정적인 전력을 공급할 수 있는 수전(受電)·배전(配電) 설비와 무정전 전원장치 등 전력공급시설
3. 전산실 내부의 정보통신장비를 일정한 온도로 유지하기 위한

공기조화시설 또는 냉각시설

4. 30분 이상 정전이 발생할 경우 「지능정보화 기본법」(이하 "법"이라 한다) 제40조제2항에 따른 민간 데이터센터(이하 "민간 데이터센터"라 한다)의 전체 부하를 감당할 수 있는 자체 전력공급 능력을 갖춘 비상발전시설

② 제1항제2호부터 제4호까지의 규정에 해당하는 시설은 해당 시설의 개별 기능을 수행하는 설비에 장애가 발생하는 경우를 대비하여 정상적인 기능 수행을 보조하기 위한 예비설비를 갖추어야 한다.

③ 영 제27조제1항제2호에서 "대통령령으로 정하는 규모"란 다음 각 호의 어느 하나에 해당하는 면적을 확보하는 경우를 말한다.

1. 제1항제1호에 따른 시설의 바닥면적이 500㎡인 경우

2. 복층의 바닥면적 등을 고려하여 제1항제1호에 따른 시설의 바닥면적이 500㎡에 해당한다고 볼 수 있는 경우

제3조의2(우선구매대상지능정보제품의 검증 신청 등) ① 영 제34조의3제1항에 따른 우선구매대상지능정보제품 검증 신청서는 별지 제1호서식과 같다.

② 제1항에 따른 검증 신청서에는 다음 각 호의 서류를 첨부해야 한다.

1. 제품설명서

2. 사용자 취급설명서

③ 영 제34조의3제2항에 따른 우선구매대상지능정보제품 검증서는 별지 제1호의2서식과 같다.

[본조신설 2021. 6. 10.]

제4조(정보통신접근성 품질인증의 세부기준 등) ① 법 제47조제1항에 따른 정보통신접근성 품질인증(이하 "정보통신접근성 품질인증"이라 한다)의 종류는 다음 각 호와 같다.

1. 영 제34조제1항제1호의 유·무선 정보통신을 대상으로 하는 정보통신접근성 품질인증

2. 영 제34조제1항제2호의 유·무선 정보통신을 대상으로 하는 정보통신접근성 품질인증

② 영 제36조제2항에 따른 정보통신접근성 품질인증의 세부기준은 별표 1과 같다.

제5조(정보통신접근성 품질인증기관의 지정절차) ① 과학기술정보통신부장관은 법 제47조제2항에 따라 인증기관을 지정하려면 미리 신청기간 등이 포함된 지정계획을 인터넷 홈페이지에 10일 이상 공고해야 한다.

② 제1항에 따른 인증기관(이하 "인증기관"이라 한다)으로 지정받으려는 자는 법 제47조제3항에 따라 별지 제1호의3서식의 정보통신접근성 품질인증기관 지정 신청서에 다음 각 호의 서류를 첨부하여 과학기술정보통신부장관에게 제출해야 한다. 다만, 제4호의 서류는 해당 실적이 있는 경우만 해당한다. 〈개정 2021. 6. 10.〉

1. 법인의 정관 또는 단체의 규약

2. 사업계획서

3. 영 제37조제1항 각 호의 지정기준에 적합한지를 증명하는 서류

4. 장애인·고령자 등의 정보 접근 및 이용 편의 제공을 위한 웹

사이트 개발 및 컨설팅 수행 실적

③ 제2항에 따른 신청서를 제출받은 과학기술정보통신부장관은 「전자정부법」 제36조제1항에 따른 행정정보의 공동이용을 통하여 법인 등기사항증명서를 확인해야 한다.

④ 과학기술정보통신부장관은 제7조에 따른 정보통신접근성 품질 인증기관 지정 심사위원회의 심사·의결을 거쳐 인증기관을 지정해야 한다.

⑤ 과학기술정보통신부장관은 제4항에 따라 인증기관을 지정한 경우에는 별지 제2호서식의 정보통신접근성 품질인증기관 지정서를 발급해야 한다.

제6조(인증기관 지정의 세부기준) ① 영 제37조제1항제1호에 따른 인증 업무에 필요한 조직과 인력의 세부기준은 별표 2와 같다.

② 영 제37조제1항제2호에 따른 인증 업무에 필요한 설비와 그 설비 작동에 필요한 환경조건의 세부기준은 별표 3과 같다.

제7조(정보통신접근성 품질인증기관 지정 심사위원회의 구성) ① 과학기술정보통신부장관은 제5조제2항에 따른 인증기관 지정 신청을 받은 경우 정보통신접근성 품질인증기관 지정 심사위원회(이하 "심사위원회"라 한다)를 구성해야 한다.

② 심사위원회는 신청인이 영 제37조 각 호의 지정기준을 충족하는지 여부 등 인증기관 지정의 적합성을 별표 4에 따른 업무 수행능력 세부 평가기준에 따라 심사·의결한다.

③ 심사위원회는 5명 이상 10명 이하의 위원으로 구성하되, 심사위원회 위원은 다음 각 호의 어느 하나에 해당하는 사람 중에서 과

학기술정보통신부장관이 임명하거나 위촉한다. 이 경우 제2호에 해당하는 위원이 전체 위원의 과반수가 되도록 해야 한다.

1. 과학기술정보통신부 소속 공무원

2. 회계사, 기술사, 변호사 또는 장애인·고령자 등의 정보 접근 및 이용 편의 제공 관련 전문가 등 제1항에 따른 심사를 수행할 수 있는 학식과 경험이 있는 사람

④ 심사위원회 위원장은 심사위원회 위원 중에서 호선(互選)한다.

⑤ 심사위원회는 심사 수행과 관련하여 전문적인 사항을 검토하기 위하여 필요한 경우 분과위원회를 둘 수 있다.

제8조(심사위원회의 운영) ① 심사위원회 위원장은 심사위원회를 대표하고, 심사위원회의 업무를 총괄한다.

② 심사위원회 위원장이 부득이한 사유로 직무를 수행할 수 없을 때에는 심사위원회 위원장이 미리 지정한 심사위원회 위원이 그 직무를 대행한다.

③ 심사위원회의 회의는 재적위원 과반수의 출석으로 개의(開議)하고, 출석위원 과반수의 찬성으로 의결한다.

④ 심사위원회 위원장은 심사위원회가 별표 4에 따른 업무 수행 능력 세부 평가기준에 따라 심사·의결한 결과를 과학기술정보통신부장관에게 제출해야 한다.

⑤ 심사위원회의 회의에 참석하는 위원에게는 예산의 범위에서 수당과 여비를 지급할 수 있다. 다만, 제7조제3항제1호에 해당하는 위원이 그 소관 업무와 직접 관련되어 참석하는 경우에는 지급하지 않는다.

제9조(정보통신접근성 품질인증의 절차) ① 정보통신접근성 품질인증을 받으려는 자는 별지 제3호서식의 정보통신접근성 품질인증 신청서에 영 제36조제1항 각 호의 기준을 충족함을 증명하는 서류를 첨부하여 인증기관의 장에게 제출해야 한다.

② 제1항에 따른 신청서를 제출받은 인증기관의 장은 심사계획을 수립하여 영 제40조제1항에 따라 서면 및 기술 심사를 실시해야 한다. 이 경우 인증기관의 장은 서면심사를 먼저 실시한 후 기술심사를 실시해야 한다.

③ 제2항에 따른 기술심사는 별표 5의 기술심사 기준에 따라 수행한다.

④ 인증기관의 장은 정보통신접근성 품질인증을 신청한 유·무선 정보통신의 특성상 그 유·무선 정보통신과 연계된 신청인의 다른 유·무선 정보통신에 대해서도 심사를 하여 정보통신접근성 품질인증을 할 필요가 있는 경우 과학기술정보통신부장관이 정하는 표준지침에 따라 정보통신접근성 품질인증의 범위를 확대할 수 있다.

⑤ 인증기관의 장은 정보통신접근성 품질인증을 신청한 유·무선 정보통신이 영 제36조제1항 각 호의 기준을 충족하는 경우 별지 제4호서식의 정보통신접근성 품질인증서를 발급해야 한다.

제10조(정보격차 해소 관련 사업자 지원) ① 영 제44조제1항에 따른 정보격차 해소 관련 제품·콘텐츠·기술 개발 지원 신청서는 별지 제5호서식과 같다.

② 영 제44조제1항 각 호의 구분에 따른 서류의 세부 사항은 다음 각 호의 구분에 따른다.

1. 해당 지능정보제품 · 콘텐츠 · 기술 개발의 내용: 정보격차의 해소와 관련하여 최근 2년간 정보통신기기 또는 소프트웨어 · 콘텐츠 · 기술의 개발 실적을 증명할 수 있는 서류(관련 실적이 있는 경우로 한정한다) 및 사업계획서

2. 신청하는 재정 · 기술 지원의 내용: 지원금의 사용계획서

③ 영 제44조제1항에 따른 신청을 받은 국가기관의 장 또는 지방자치단체의 장은 「전자정부법」 제36조제1항에 따른 행정정보의 공동이용을 통하여 다음 각 호의 서류를 확인해야 한다. 다만, 신청인이 그 확인에 동의하지 않은 경우에는 해당 서류를 제출하도록 해야 한다.

1. 사업자등록증명 또는 법인 등기사항증명서

2. 국세납세증명서 또는 지방세납세증명서

④ 국가기관의 장 또는 지방자치단체의 장은 영 제44조제1항에 따른 신청을 받은 날부터 60일 이내에 해당 신청을 심사하여 그 결과를 신청인에게 통보해야 한다.

제11조(지능정보서비스 과의존 관련 교육의 점검 등) ① 법 제54조제2항 각 호의 어느 하나에 해당하는 기관(이하 "교육대상기관"이라 한다)은 같은 조 1항에 따라 실시하는 지능정보서비스 과의존의 예방 및 해소를 위한 교육(이하 "지능정보서비스 과의존 관련 교육"이라 한다)을 다음 각 호의 구분에 따른 사람(이하 "교육대상기관 관리자"라 한다)에게 관리하게 해야 한다.

1. 법 제54조제2항제1호의 어린이집: 해당 어린이집의 원장

2. 법 제54조제2항제2호의 유치원: 해당 유치원의 원감

3. 법 제54조제2항제3호의 학교: 해당 학교의 교감 또는 교무부장

4. 법 제54조제2항제4호의 학교: 학생처장 또는 교무처장

5. 법 제54조제2항제5호의 공공기관: 해당 공공기관 소속 인사 또는 교육 관련 부서의 장

② 교육대상기관 관리자는 지능정보서비스 과의존 관련 교육에 대한 다음 각 호의 사항을 담당한다.

1. 법 제54조제1항에 따른 지능정보서비스 과의존 관련 교육의 실시 및 운영

2. 법 제54조제2항에 따른 지능정보서비스 과의존 관련 교육의 실시 결과 제출

3. 그 밖에 현장점검 대응 등 지능정보서비스 과의존 관련 교육에 필요한 사항으로서 과학기술정보통신부장관이 인정하여 공고하는 사항

③ 과학기술정보통신부장관은 교육대상기관이 다음 각 호의 어느 하나에 해당하는 경우에는 영 제50조제7항에 따라 그 기관이 실시하는 지능정보서비스 과의존 관련 교육이 부실하다고 인정해야 한다.

1. 지능정보서비스 과의존 관련 교육 결과를 제출하지 않은 경우

2. 지능정보서비스 과의존 관련 교육 결과를 거짓으로 제출한 경우

3. 지능정보서비스 과의존 관련 교육 결과를 점검한 결과 별표 6에 따른 이수기준을 충족하지 못한 경우

④ 제3항에 따라 지능정보서비스 과의존 관련 교육이 부실하다고 인정되는 교육대상기관 관리자는 영 제50조제7항에 따라 과학기술정보통신부장관이 실시하는 교육대상기관 관리자 특별교육(이하 “교

육대상기관 관리자 특별교육"이라 한다)을 이수해야 한다.

⑤ 교육대상기관 관리자 특별교육에는 다음 각 호의 사항이 포함돼야 한다.

1. 지능정보서비스 과의존 예방·해소와 관련된 정책 및 법제도

2. 지능정보서비스 과의존 예방을 위한 교육대상기관 및 교육대상기관 관리자의 역할

3. 그 밖에 지능정보서비스 과의존 관련 교육에 포함될 필요가 있다고 과학기술정보통신부장관이 인정하는 사항

⑥ 과학기술정보통신부장관은 집합교육 등의 방법으로 교육대상기관 관리자 특별교육을 실시할 수 있다.

⑦ 과학기술정보통신부장관은 교육대상기관 관리자 특별교육을 실시하려면 미리 그 실시일의 1개월 전까지 교육대상기관 관리자 특별교육에 관한 세부 사항을 교육 대상자에게 안내해야 한다.

부칙 〈제64호, 2020. 12. 24.〉

제1조(시행일) 이 규칙은 공포한 날부터 시행한다.

제2조(정보통신접근성 품질인증서에 관한 경과조치 등) ① 이 규칙 시행 전에 종전의 「국가정보화 기본법 시행규칙」 별지 제10호서식에 따라 발급된 웹접근성 품질인증서는 별지 제4호서식의 개정규정에 따라 발급된 정보통신접근성 품질인증서로 본다.

② 이 규칙 시행 전에 종전의 「국가정보화 기본법 시행규칙」 별지 제10호서식에 따라 웹접근성 품질인증서를 발급받은 자는 별지 제4호서식의 개정규정에 따른 정보통신접근성 품질인증서로 다시

발급하여 줄 것을 인증기관의 장에게 신청할 수 있다.

부칙 〈제73호, 2021. 6. 10.〉

이 규칙은 공포한 날부터 시행한다.

부칙 〈제98호, 2022. 12. 19.〉 (자격 취득 등에 요구되는 실무경력의 인정범위 확대 등을 위한 3개 법령의 일부개정에 관한 과학기술정보통신부령)

이 규칙은 공포한 날부터 시행한다.

별표 / 서식

[별표 1] 정보통신접근성 품질인증의 세부 기준(제4조제2항 관련)

[별표 2] 인증기관의 인증 업무에 필요한 조직과 인력의 세부 기준(제6조제1항 관련)

[별표 3] 인증기관의 인증업무에 필요한 환경조건의 세부기준(제6조제2항 관련)

[별표 4] 업무 수행 능력 세부 평가기준(제7조제2항 관련)

[별표 5] 정보통신접근성 품질인증의 기술심사 기준(제9조제3항 관련)

[별표 6] 지능정보서비스 과의존 관련 교육 이수기준(제11조제3항제3호 관련)

[별지 제1호서식] 우선구매대상지능정보제품 검증 신청서(신규신청, 연장신청)

[별지 제1호의2서식] 우선구매대상지능정보제품 검증서

[별지 제1호의3서식] 정보통신접근성 품질인증기관 지정 신청서

[별지 제2호서식] 정보통신접근성 품질인증기관 지정서

[별지 제3호서식] 정보통신접근성 품질인증 신청서

[별지 제4호서식] 정보통신접근성 품질인증서

[별지 제5호서식] 정보격차 해소 관련 제품·콘텐츠·기술 개발 지원 신청서

대한민국 법령 시리즈 505

지능정보화 기본법

법 령 / 시 행 령 / 시 행 규 칙

2023년 5월 10일 인쇄 정가 12,000원
2023년 5월 20일 발행

편 저 편집부
디 자 인 송영미
발 행 인 조준형
발 행 처 해광출판사
http://www.hgbookpub.com
E-mail : munbookcokr@naver.com
주 소 부산광역시 중구 해관로 41-1 (중앙동2가)
전화번호 (051) 253-0001 팩스 (051) 245-1187
등 록 제 2012-000005호

해광출판사에서는 여러분의 소중한 원고와 함께 할 기회를 기다리고 있습니다. 책으로 엮을 원고나 아이디어가 있으신 분들은 이메일 munbookcokr@naver.com 로 책에 대한 간단한 개요와 원고 전체 또는 일부를 연락처와 함께 보내주십시오.

ISBN 979-11-6881-437-0

※ 법령 출처 : 법제처 국가법령정보센터
※ 본 도서는 〈공공데이터 제공 및 이용 활성화에 관한 법률〉을 근거로 출판되었습니다.

해광출판사 법령 시리즈

001. 선원법
002. 어선법
003. 선박직원법
004. 해사안전법
005. 해양환경관리법
006. 선박의 입항 및 출항등에 관한 법률
007. 학교안전사고예방 및 보상에 관한 법률
008. 종합부동산세법
009. 방위사업법
010. 행정규제기본법
011. 식품산업진흥법
012. 위험물안전관리법
013. 화재의 예방 및 안전관리에 관한 법률
014. 도시가스사업법
015. 실내공기질관리법
016. 지방세법
017. 소득세법
018. 법인세법
019. 도선법
020. 선박안전법
021. 선박법
022. 수산업법
023. 고압가스안전관리법
024. 국민연금법
025. 공동주택관리법
026. 화학물질관리법
027. 어선원 및 어선 재해보상보험법
028. 장기등 이식에 관한 법률
029. 자연재해대책법
030. 공유재산 및 물품 관리법
031. 산업입지 및 개발에 관한 법률
032. 부정경쟁방지 및 영업비밀보호에 관한 법률
033. 금융지주회사법
034. 온실가스 배출권의 할당 및 거래에 관한 법률
035. 건축사법
036. 산림문화휴양에 관한 법률
037. 전기사업법
038. 사립학교법
039. 고등교육법
040. 액화석유가스의 안전관리 및 사업법
041. 선박투자회사법
042. 수산자원관리법
043. 위험물선박운송및저장규칙
044. 선박평형수관리법
045. 주택임대차보호법
046. 상가건물임대차보호법
047. 지방공기업법
048. 승강기안전관리법
049. 수목원·정원의 조성 및 진흥에 관한 법률
050. 민법
051. 치료감호 등에 관한 법률
052. 대부업 등의 등록 및 금융이용자 보호에 관한 법률
053. 사료관리법
054. 무형문화재 보전 및 진흥에 관한 법률
055. 총포·도검·화약류 등의 안전관리에 관한 법률
056. 경찰관직무집행법
057. 시설물의 안전 및 유지관리에 관한 특별법
058. 수산생물질병 관리법
059. 소비자기본법
060. 국제선박등록법
061. 정보통신망 이용촉진 및 정보보호 등에 관한 법률
062. 해운법
063. 농수산물 품질관리법
064. 수산업협동조합법
065. 해외건설촉진법
066. 수상레저안전법
067. 공무원재해보상법
068. 수상에서의 수색·구조 등에 관한 법률
069. 어촌어항법
070. 항만법
071. 항만운송사업법
072. 해양경비법
073. 해양사고의 조사 및 심판에 관한 법률
074. 외국인근로자의 고용 등에 관한 법률
075. 중소기업기본법
076. 자유무역지역의 지정 및 운영에 관한 법률
077. 대기환경보전법
078. 소음진동관리법
079. 폐기물관리법
080. 하수도법
081. 물환경보전법
082. 토양환경보전법
083. 환경정책기본법
084. 산업재해보상보험법
085. 관세법
086. 노동조합 및 노동관계조정법
087. 근로기준법
088. 군인연금법
089. 먹는물관리법
090. 기술보증기금법
091. 관광진흥법
092. 감염병의 예방 및 관리에 관한 법률
093. 사법경찰관리의 직무를 수행할 자와 그 직무범위에 관한 법률
094. 수의사법
095. 가정폭력방지 및 피해자보호 등에 관한 법률
096. 환경영향평가법
097. 체육시설의 설치 · 이용에 관한 법률
098. 장사 등에 관한 법률
099. 상호저축은행법
100. 은행법
101. 보호관찰 등에 관한 법률
102. 형법
103. 자동차관리법
104. 형사소송법
105. 전자금융거래법
106. 마약류 불법거래 방지에 관한 특례법
107. 도로법
108. 주세법
109. 변리사법
110. 하천법
111. 중소기업진흥에 관한 법률
112. 발달장애인 권리보장 및 지원에 관한 법률
113. 주택법
114. 장애인복지법
115. 농어업경영체 육성 및 지원에 관한 법률
116. 공인중개사법
117. 건강기능식품에 관한 법률
118. 예비군법
119. 개발제한구역의 지정 및 관리에 관한 특별조치법
120. 국유재산법
121. 주차장법
122. 환경기술 및 환경산업 지원법
123. 대기관리권역의 대기환경개선에 관한 특별법
124. 악취방지법
125. 미세먼지 저감 및 관리에 관한 특별법
126. 가축분뇨의 관리 및 이용에 관한 법률
127. 물의 재이용 촉진 및 지원에 관한 법률
128. 물관리기본법
129. 물관리기술 발전 및 물산업 진흥에 관한 법률
130. 자원의 절약과 재활용촉진에 관한 법률
131. 전기 · 전자제품 및 자동차의 자원순환에 관한 법률
132. 건설폐기물의 재활용촉진에 관한 법률
133. 수도권매립지관리공사의 설립 및 운영 등에 관한 법률
134. 폐기물의 국가 간 이동 및 그 처리에 관한 법률
135. 폐기물처리시설 설치촉진 및 주변지역지원 등에 관한 법률
136. 자원순환기본법
137. 잔류성오염물질 관리법
138. 환경분쟁 조정법

해광출판사 **법령 시리즈**

139. 화학물질의 등록 및 평가 등에 관한 법률
140. 환경오염시설의 통합관리에 관한 법률
141. 환경오염피해 배상책임 및 구제에 관한 법률
142. 중소기업제품 구매촉진 및 판로지원에 관한 법률
143. 환경개선비용 부담법
144. 환경분야 시험·검사 등에 관한 법률
145. 환경친화적 산업구조로의 전환촉진에 관한 법률
146. 환경친화적 자동차의 개발 및 보급 촉진에 관한 법률
147. 환경범죄 등의 단속 및 가중처벌에 관한 법률
148. 생명윤리 및 안전에 관한 법률
149. 장애인차별금지 및 권리구제 등에 관한 법률
150. 부동산투자회사법
151. 정치자금법
152. 과학기술기본법
153. 대리점거래의 공정화에 관한 법률
154. 상속세 및 증여세법
155. 학원의 설립 · 운영 및 과외교습에 관한 법률
156. 해양심층수의 개발 및 관리에 관한 법률
157. 전기용품 및 생활용품 안전관리법
158. 사회기반시설에 대한 민간투자법
159. 공직선거법
160. 정당법
161. 유류오염손해배상 보장법
162. 부정청탁 및 금품등 수수의 금지에 관한 법률
163. 항로표지법
164. 어장관리법
165. 민방위기본법
166. 공직자윤리법
167. 선거관리위원회법
168. 유선 및 도선 사업법
169. 전기공사업법
170. 사회복지사업법
171. 택지개발촉진법
172. 국가공무원법
173. 민간임대주택에 관한 특별법
174. 어음법·수표법
175. 민사집행법
176. 상법
177. 문화예술진흥법
178. 중소기업협동조합법
179. 농업협동조합법
180. 도로교통법
181. 의료사고 피해구제 및 의료분쟁 조정 등에 관한 법률
182. 산림보호법
183. 소년법
184. 동물보호법
185. 건축물관리법
186. 도시개발법
187. 화물자동차 운수사업법
188. 도시 및 주거환경정비법
189. 의료법
190. 국회법
191. 응급의료에 관한 법률
192. 출입국관리법
193. 노인복지법
194. 산림자원의 조성 및 관리에 관한 법률
195. 청소년 보호법
196. 초 · 중등교육법
197. 혁신도시 조성 및 발전에 관한 특별법
198. 경제자유구역의 지정 및 운영에 관한 특별법
199. 공공기관의 운영에 관한 법률
200. 대한민국헌법
201. 국민기초생활 보장법
202. 저작권법
203. 가사소송법
204. 국가유공자 등 예우 및 지원에 관한 법률
205. 국민체육진흥법
206. 전통주 등의 산업진흥에 관한 법률
207. 재난 및 안전관리 기본법
208. 정보통신공사업법
209. 주식회사 등의 외부감사에 관한 법률
210. 공익사업을 위한 토지 등의 취득 및 보상에 관한 법률
211. 개인정보 보호법
212. 국세기본법
213. 에너지이용 합리화법
214. 감정평가 및 감정평가사에 관한 법률
215. 국가인권위원회법
216. 가맹사업거래의 공정화에 관한 법률
217. 보건의료기본법
218. 산업안전보건법
219. 법무사법
220. 교육공무원법
221. 특허법
222. 민사소송법
223. 아동복지법
224. 전파법
225. 하도급거래 공정화에 관한 법률
226. 기초연금법
227. 사립학교교직원 연금법
228. 직업안정법
229. 장애아동 복지지원법
230. 부동산등기법
231. 자동차손해배상 보장법
232. 철도안전법
233. 항공안전법
234. 전자상거래 등에서의 소비자보호에 관한 법률
235. 독점규제 및 공정거래에 관한 법률
236. 상표법
237. 채무자 회생 및 파산에 관한 법률
238. 공무원연금법
239. 축산법
240. 근로복지기본법
241. 민원 처리에 관한 법률
242. 약사법
243. 방문판매 등에 관한 법률
244. 건축기본법
245. 지방세기본법
246. 지방세징수법
247. 지방자치법
248. 도시교통정비 촉진법
249. 공공주택 특별법
250. 국세징수법
251. 공인노무사법
252. 중대재해 처벌 등에 관한 법률
253. 외무공무원법
254. 소방시설공사업법
255. 검역법
256. 공중위생관리법
257. 할부거래에 관한 법률
258. 인터넷 멀티미디어 방송사업법
259. 전기통신사업법
260. 제품안전기본법
261. 철도사업법
262. 어린이제품 안전 특별법
263. 영유아보육법
264. 원자력안전법
265. 보험업법
266. 경비업법
267. 교통안전법
268. 세무사법
269. 관세사법
270. 공인회계사법
271. 지방공무원법
272. 고용정책 기본법
273. 국가경찰과 자치경찰의 조직 및 운영에 관한 법률
274. 협동조합 기본법
275. 재해구호법
276. 환경보건법

해광출판사 **법령 시리즈**

277. 자살예방 및 생명존중문화 조성을 위한 법률
278. 소방산업의 진흥에 관한 법률
279. 소방기본법
280. 비송사건절차법
281. 자연환경보전법
282. 변호사법
283. 기업구조조정투자회사법
284. 전기통신기본법
285. 에너지법
286. 해양생태계의 보전 및 관리에 관한 법률
287. 사회보장기본법
288. 통신비밀보호법
289. 공증인법
290. 물류시설의 개발 및 운영에 관한 법률
291. 청소년활동 진흥법
292. 형의 집행 및 수용자의 처우에 관한 법률
293. 도시공원 및 녹지 등에 관한 법률
294. 태권도 진흥 및 태권도공원 조성 등에 관한 법률
295. 녹색건축물 조성 지원법
296. 우편법
297. 예금자보호법
298. 건설산업기본법
299. 금융회사의 지배구조에 관한 법률
300. 장애인활동 지원에 관한 법률
301. 언론중재 및 피해구제 등에 관한 법률
302. 국가재정법
303. 농지법
304. 게임산업진흥에 관한 법률
305. 정신건강증진 및 정신질환자 복지서비스 지원에 관한 법률
306. 디자인보호법
307. 의료기사 등에 관한 법률
308. 스마트도시 조성 및 산업진흥 등에 관한 법률
309. 내수면어업법
310. 한국주택금융공사법
311. 의료기기법
312. 유통산업발전법
313. 전통시장 및 상점가 육성을 위한 특별법
314. 여신전문금융업법
315. 해외자원개발 사업법
316. 산업교육진흥 및 산학연협력촉진에 관한 법률
317. 빈집 및 소규모주택 정비에 관한 특례법
318. 기업도시개발 특별법
319. 전력기술관리법
320. 국토기본법
321. 지하수법
322. 식품위생법
323. 광업법
324. 호스피스·완화의료 및 임종과정에 있는 환자의 연명의료결정에 관한 법률
325. 주식·사채 등의 전자등록에 관한 법률
326. 표시·광고의 공정화에 관한 법률
327. 골재채취법
328. 국민건강증진법
329. 새마을금고법
330. 여객자동차 운수사업법
331. 마리나항만의 조성 및 관리 등에 관한 법률
332. 한부모가족지원법
333. 국가를 당사자로 하는 계약에 관한 법률
334. 지방자치단체를 당사자로 하는 계약에 관한 법률
335. 축산물 위생관리법
336. 병역법
337. 음악산업진흥에 관한 법률
338. 국가균형발전 특별법
339. 첨단재생의료 및 첨단바이오의약품 안전 및 지원에 관한 법률
340. 공간정보의 구축 및 관리 등에 관한 법률
341. 공유수면 관리 및 매립에 관한 법률
342. 농수산물 유통 및 가격안정에 관한 법률
343. 아시아문화중심도시 조성에 관한 특별법
344. 신탁법
345. 자연공원법
346. 생활화학제품 및 살생물제의 안전관리에 관한 법률
347. 군인사법
348. 국제조세조정에 관한 법률
349. 낙동강수계 물관리 및 주민지원 등에 관한 법률
350. 주민등록법
351. 집합건물의 소유 및 관리에 관한 법률
352. 집단에너지사업법
353. 산림조합법
354. 반도체집적회로의 배치설계에 관한 법률
355. 자본시장과 금융투자업에 관한 법률
356. 담보부사채신탁법
357. 근로자퇴직급여 보장법
358. 국제과학비즈니스벨트 조성 및 지원에 관한 특별법
359. 수도법
360. 식품 등의 표시·광고에 관한 법률
361. 약관의 규제에 관한 법률
362. 인삼산업법
363. 종자산업법
364. 항공사업법
365. 건설기계관리법
366. 군형법
367. 궤도운송법
368. 기술의 이전 및 사업화 촉진에 관한 법률
369. 농수산물의 원산지 표시 등에 관한 법률
370. 담배사업법
371. 석유 및 석유대체연료 사업법
372. 가축전염병 예방법
373. 농어촌정비법
374. 식물신품종 보호법
375. 항공보안법
376. 중소기업창업 지원법
377. 군사법원법
378. 우주개발 진흥법
379. 해저광물자원 개발법
380. 산림복지 진흥에 관한 법률
381. 지능형 로봇 개발 및 보급 촉진법
382. 헌법재판소법
383. 옥외광고물 등의 관리와 옥외광고산업 진흥에 관한 법률
384. 혈액관리법
385. 국제항해선박 등에 대한 해적행위 피해예방에 관한 법률
386. 유료도로법
387. 독립유공자예우에 관한 법률
388. 신에너지 및 재생에너지 개발·이용·보급 촉진법
389. 신용정보의 이용 및 보호에 관한 법률
390. 출판문화산업 진흥법
391. 공항시설법
392. 국민 평생 직업능력 개발법
393. 아동·청소년의 성보호에 관한 법률
394. 방송법쉬
395. 신용보증기금법
396. 화장품법
397. 청소년 기본법
398. 인터넷주소자원에 관한 법률
399. 양곡관리법
400. 도로명주소법
401. 전자문서 및 전자거래 기본법
402. 산업기술의 유출방지 및 보호에 관한 법률
403. 국가기술자격법
404. 양식산업발전법
405. 산업기술혁신 촉진법
406. 새만금사업 추진 및 지원에 관한 특별법
407. 전자정부법
408. 지역 개발 및 지원에 관한 법률
409. 한국농어촌공사 및 농지관리기금법
410. 계량에 관한 법률
411. 기업활동 규제완화에 관한 특별조치법
412. 군에서의 형의 집행 및 군수용자의 처우에 관한 법률

해광출판사 법령 시리즈

413. 규제자유특구 및 지역특화발전특구에 관한 규제특례법
414. 금융위원회의 설치 등에 관한 법률
415. 남녀고용평등과 일·가정 양립 지원에 관한 법률
416. 농어업인 삶의 질 향상 및 농어촌지역 개발촉진에 관한 특별법
417. 댐건설·관리 및 주변지역지원 등에 관한 법률
418. 문화재수리 등에 관한 법률
419. 법원조직법
420. 보훈보상대상자 지원에 관한 법률
421. 부패방지 및 국민권익위원회의 설치와 운영에 관한 법률
422. 과학기술분야 정부출연연구기관 등의 설립·운영 및 육성에 관한 법률
423. 연구개발특구의 육성에 관한 특별법
424. 친환경농어업 육성 및 유기식품 등의 관리·지원에 관한 법률
425. 연안관리법
426. 영화 및 비디오물의 진흥에 관한 법률
427. 신용협동조합법
428. 방송통신발전 기본법
429. 범죄피해자 보호법
430. 가축 및 축산물 이력관리에 관한 법률
431. 국가표준기본법
432. 국가통합교통체계효율화법
433. 범죄인 인도법
434. 국가과학기술 경쟁력 강화를 위한 이공계지원 특별법
435. 국제경기대회 지원법
436. 금융혁신지원 특별법
437. 수자원의 조사·계획 및 관리에 관한 법률
438. 축산자조금의 조성 및 운용에 관한 법률
439. 소방시설 설치 및 관리에 관한 법률
440. 양성평등기본법
441. 축산계열화사업에 관한 법률
442. 수입식품안전관리 특별법
443. 대외무역법
444. 국가연구개발사업 등의 성과평가 및 성과관리에 관한 법률
445. 대외무역법
446. 기술사법
447. 광산안전법
448. 농약관리법
449. 농업·농촌 및 식품산업 기본법
450. 문화산업진흥 기본법
451. 부담금관리 기본법
452. 야생생물 보호 및 관리에 관한 법률
453. 한국은행법
454. 별정우체국법
455. 원양산업발전법
456. 콘텐츠산업 진흥법
457. 한국수출입은행법
458. 외국인투자 촉진법
459. 물류정책기본법
460. 전자서명법
461. 산업발전법
462. 산업표준화법
463. 소프트웨어 진흥법
464. 토지이용규제 기본법
465. 해수욕장의 이용 및 관리에 관한 법률
466. 정보통신 진흥 및 융합 활성화 등에 관한 특별법
467. 정보통신산업 진흥법
468. 지진·화산재해대책법
469. 소금산업 진흥법
470. 위치정보의 보호 및 이용 등에 관한 법률
471. 외국법자문사법
472. 이러닝(전자학습)산업 발전 및 이러닝 활용 촉진에 관한 법률
473. 암관리법
474. 실용신안법
475. 가족관계의 등록 등에 관한 법률
476. 무인도서의 보전 및 관리에 관한 법률
477. 감사원법
478. 정보보호산업의 진흥에 관한 법률
479. 결혼중개업의 관리에 관한 법률
480. 공익신고자 보호법
481. 박물관 및 미술관 진흥법
482. 낚시 관리 및 육성법
483. 동산·채권 등의 담보에 관한 법률
484. 임금채권보장법
485. 국민투표법
486. 농림수산업자 신용보증법
487. 국가채권 관리법
488. 중소기업은행법
489. 식품안전기본법
490. 외국환거래법
491. 발명진흥법
492. 건설기술 진흥법
493. 기후위기 대응을 위한 탄소중립·녹색성장 기본법
494. 인체조직안전 및 관리 등에 관한 법률
495. 엔지니어링산업 진흥법
496. 신문 등의 진흥에 관한 법률
497. 식물방역법
498. 석탄산업법
499. 산업융합 촉진법
500. 비료관리법
501. 임업 및 산촌 진흥촉진에 관한 법률
502. 복권법
503. 대규모유통업에서의 거래 공정화에 관한 법률
504. 뉴스통신 진흥에 관한 법률
505. 지능정보화 기본법

*** 해광출판사의 법령 시리즈는 계속 발행 됩니다.**